Exegese do Novo Testamento

SÉRIE CONHECIMENTOS EM TEOLOGIA

Sandro Pereira

2ª edição

Exegese do Novo Testamento

Rua Clara Vendramin, 58 . Mossunguê
CEP 81200-170 . Curitiba . PR . Brasil
Fone: (41) 2106-4170
www.intersaberes.com
editora@intersaberes.com

Conselho editorial
Dr. Alexandre Coutinho Pagliarini
Dr.ª Elena Godoy
Dr. Neri dos Santos
M.ª Maria Lúcia Prado Sabatella

Editora-chefe
Lindsay Azambuja

Gerente editorial
Ariadne Nunes Wenger

Assistente editorial
Daniela Viroli Pereira Pinto

Edição de texto
Natasha Saboredo

Capa
Charles L. da Silva (*design*)
AnjeseAnna, yuniazizah e oatawa/
Shutterstock (imagens)

Projeto gráfico
Charles L. da Silva

Diagramação
Kátia P. Irokawa Muckenberger

***Designer* responsável**
Sílvio Gabriel Spannenberg

Iconografia
Regina Claudia Cruz Prestes
Sandra Lopis da Silveira

Dados Internacionais de Catalogação na Publicação (CIP)
(Câmara Brasileira do Livro, SP, Brasil)

Pereira, Sandro
  Exegese do Novo Testamento / Sandro Pereira.
-- 2. ed. -- Curitiba, PR : InterSaberes, 2024. -- (Série conhecimentos em teologia)

Bibliografia.
ISBN 978-85-227-1302-8

1. Bíblia – Interpretação 2. Bíblia – Hermenêutica
3. Bíblia – Interpretação e crítica (Exegese) I. Título.
II. Série.

24-188994   CDD-220.6

Índices para catálogo sistemático:
1. Bíblia : Interpretação e crítica   220.6

Cibele Maria Dias – Bibliotecária – CRB-8/9427

1ª edição, 2018.
2ª edição, 2024.
Foi feito o depósito legal.

Informamos que é de inteira responsabilidade do autor a emissão de conceitos.

Nenhuma parte desta publicação poderá ser reproduzida por qualquer meio ou forma sem a prévia autorização da Editora InterSaberes.

A violação dos direitos autorais é crime estabelecido na Lei n. 9.610/1998 e punido pelo art. 184 do Código Penal.

sumário

7   *apresentação*

capítulo um
9   **Introdução à exegese do Novo Testamento**
11   1.1 O que é exegese?

capítulo dois
23   **Primeiros passos**
24   2.1 Edições do texto
25   2.2 Sinopse dos evangelhos
26   2.3 Septuaginta (LXX)
26   2.4 Auxílios para a tradução
27   2.5 O texto original
31   2.6 Confirmação dos limites da passagem
34   2.7 Um modelo básico
34   2.8 Delimitação do texto de interesse

capítulo três
- 41 **O texto grego e sua tradução**
- 42 3.1 Análise textual
- 44 3.2 Crítica textual do Novo Testamento
- 54 3.3 Nosso modelo básico

capítulo quatro
- 69 **A análise literária e os gêneros literários**
- 70 4.1 Análise do contexto literário
- 71 4.2 Análise do significado de palavras e frases importantes
- 76 4.3 Análise estilística
- 81 4.4 Gêneros literários

capítulo cinco
- 97 **História das tradições e análise lexical**
- 99 5.1 Crítica da tradição
- 103 5.2 Critérios básicos
- 110 5.3 Recursos
- 112 5.4 Análise lexical

capítulo seis
- 119 **Conteúdo, teologia e atualização**
- 120 6.1 Análise de conteúdo
- 126 6.2 Análise teológica
- 133 6.3 Atualização da mensagem
- 136 6.4 Redação final

- 143 *considerações finais*
- 145 *referências*
- 149 *respostas*
- 153 *sobre o autor*

apresentação

É com muita alegria que iniciamos nossos estudos em exegese do Novo Testamento.

Falar em *exegese* é sempre bastante instigante para aqueles que gostam e sabem da importância incomparável dos estudos bíblicos. Contudo, muitas vezes, esse tema tem sido deixado em segundo plano em diversos cursos de Teologia. Nesse sentido, pretendemos promover uma mudança de paradigma com esta obra.

O marco inicial, ou seja, nosso ponto de partida, está voltado para a realidade de que a Bíblia, apesar de ser um livro tão antigo, ainda é um material bastante atual. Nossa Bíblia é um manancial de ensinamentos e verdades revelados diretamente da parte de Deus para o ser humano por Ele alcançado. Arriscamos afirmar que todos aqueles que desejam ter um "ministério da palavra" profícuo devem se dedicar ao estudo exegético dos textos bíblicos.

Aqui nos importa a imersão no fascinante mundo do estudo das Sagradas Escrituras. Embora você vá descobrir que nosso livro contém um método, e que esse método necessita ser organizado para que se saiba como usá-lo e dar-lhe legitimidade, precisamos alertá-lo de que a seriedade e a maturidade do exegeta só virão mesmo com a aplicação desse método diretamente na leitura e nos estudos do Novo Testamento.

Dessa forma, esteja pronto para seguir os passos aqui apresentados na leitura da Palavra de Deus para que você mesmo, em primeiro lugar, seja abençoado com descobertas a cada texto lido. O uso que você fará desta obra para elaborar seus estudos bíblicos, sermões, comentários e artigos empregando a infinidade de utilidades da exegese será consequência direta da aplicação das verdades bíblicas em sua própria vida e em seu ministério.

Isso tudo exigirá um olhar reflexivo.

Com os estudos aqui elaborados, pretendemos conduzi-lo a uma percepção de que hoje, assim como no passado, faz-se urgente uma reflexão bíblica sólida e consistente, bem como são essenciais aplicações condizentes com as realidades e com os problemas que se apresentam nesses dias.

Sinta-se desafiado! Vamos ao trabalho!

capítulo um

Introdução à exegese do
Novo Testamento

A chave para que seja realizada uma boa exegese encontra-se na habilidade de serem feitas as perguntas certas para o texto. O objetivo do intérprete é captar o significado pretendido pelo autor; assim, a exegese do Novo Testamento quer chegar à intenção primeira do autor bíblico. Para tanto, boas perguntas exegéticas caem em duas categorias básicas: 1) questões de conteúdo, ou seja, o que foi dito; 2) questões de contexto, isto é, por que foi dito (Stuart; Fee, 2008).

Antes, contudo, de aprofundarmos o tema, é conveniente ressaltar que todo estudante interessado na análise do Novo Testamento deve ter uma definição clara do significado da exegese e de como estudá-la.

1.1 O que é exegese?

Exegese é a minuciosa interpretação de um texto ou de uma palavra. Aplica-se à Bíblia, à gramática e às leis (exegese jurídica).

A palavra *exegese*, no português, é a transliteração do termo grego formado pela aposição do final *sis*, expressivo da ação, ao tema verbal do composto *ek + egéomai*, que significa "tirar", "extrair", "conduzir para fora"; *exegese* significa, portanto, dirigir-se ao texto com o intuito de captar seu sentido, isto é, extrair os pensamentos que assistiam ao escritor ao redigir determinado texto bíblico (Chamberlain, 1989).

É importante conscientizar-nos de que ninguém se aproxima do texto sem fazer questionamentos da vida cotidiana. Muitas vezes, são os interesses hermenêuticos que darão início à análise e, não poucas vezes, percorrerão todo o trabalho do intérprete até a reflexão hermenêutica final. Na exegese, é necessário que ele resista a essa tentação e se preocupe, de início, unicamente com o texto.

Com base na definição dada, é necessário ter em mente que a exegese é, de fato, de acordo com Grassmick (2009, p. 10), "a exposição de uma palavra, sentença, parágrafo, ou de um livro inteiro, levando ao significado verdadeiro e exato do texto. A melhor maneira de fazer isso é voltar à fonte original do material em que o documento foi escrito". Em nosso caso, a fonte original são os textos gregos.

1.1.1 Exegese e hermenêutica

O vocábulo *hermenêutica* origina-se do verbo grego *hermeneúein*. Podemos dizer que o significado desse vocábulo é semelhante ao da palavra *exegese*, isto é, "interpretar". Dessa forma, *hermenêutica* significa "interpretação". Entretanto, segundo Wegner (1998,

p. 11), devemos ressaltar uma diferenciação: "a hermenêutica bíblica designa mais particularmente os princípios que regem a interpretação dos textos; a exegese descreve mais especificamente as etapas ou os passos que cabe dar em sua interpretação".

1.1.2 O objetivo da exegese

Algumas pessoas, por vezes, sentem-se desestimuladas a ler e a refletir sobre a Palavra de Deus; acham-na muito complexa, de linguagem estranha e, por vezes, até mesmo contraditória. Wegner (1998, p. 12, grifo do original) lembra que é natural esse tipo de sentimento, uma vez que nos colocamos diante da seguinte situação:

- *A Bíblia foi escrita numa época muito distante da nossa, num estágio civilizatório bastante diferente do atual.*
- *Também a cultura da maioria dos textos bíblicos não corresponde à nossa cultura ocidental, mas, sim, à cultura própria do Oriente. Por isso temos dificuldades em entender uma série de costumes, valores, modos de pensar e agir encontrados na Bíblia.*
- *A distância que nos separa do período bíblico é também responsável pelo nosso parcial desconhecimento de uma série de* **grupos** *(p. ex.: fariseus, saduceus, zelotas, samaritanos, batistas etc.) e* **instituições** *(p. ex.: templo, sinagogas, casa/família, sinédrio, festas etc.) da época bíblica. O mesmo vale em relação às situações e instituições sociais, políticas e econômicas existentes no passado*

Nesse sentido, a exegese auxilia na compreensão dos textos bíblicos, apesar das distâncias temporal e espacial e das diferenças culturais. Desse modo, a tarefa do intérprete é reunir o maior número possível de informações sobre os detalhes culturais, sociopolíticos e religiosos necessários à compreensão dos textos bíblicos. Para tanto, o exegeta deve lançar mão de uma série de estudos, como a filologia, a papirologia, a paleografia, a arqueologia, a geografia, a história, entre outros (Wegner, 1998).

Diante do exposto, Wegner (1998, p. 12-13) resume as três principais **tarefas da exegese** da seguinte forma:

> *A primeira tarefa da exegese é aclarar as situações descritas nos textos, ou seja, redescobrir o passado bíblico de tal forma que o que foi narrado nos textos se torne transparente e compreensível para nós que vivemos em outra época e em circunstâncias e cultura diferentes. [...]*
>
> *A segunda tarefa da exegese é permitir que possa ser ouvida a intenção que o texto teve em sua origem. [...]*
>
> *A terceira tarefa da exegese é verificar em que sentido opções éticas e doutrinárias podem ser respaldadas e, portanto, reafirmadas, ou devem ser revistas e relativizadas.*

Veja que a exegese é uma atividade bastante ousada. Contudo, tenha certeza de que ela ajuda o exegeta a penetrar de forma mais profunda nos ensinamentos encontrados na Palavra de Deus.

Antes de iniciar a exegese, contudo, o intérprete precisa dar alguns passos que poderão conduzi-lo para a porta de entrada da exegese propriamente dita.

1.1.3 Pré-exegese

Para realizar uma exegese, é necessário "mergulhar" no texto; esse mergulho inicial é feito por meio de alguns procedimentos "técnicos", que são preparatórios à análise propriamente dita (exegese). É o que alguns estudiosos chamam de *pré-exegese*.

Essa etapa consiste em aproximar-se do texto respeitando sua forma, procurando familiarizar-se com seu conteúdo. Antes de ir ao texto grego, o exegeta pode fazer um sumário com o maior número possível de traduções colocadas em colunas e escolher uma delas para análise, com as devidas justificativas da escolha.

Correia Júnior (2006) indica três **passos** para realizar a pré-exegese:

1. Pesquisar e ter em mãos o texto na língua em que ele foi escrito originalmente, bem como as boas traduções do texto. Para mencionar algumas, em português temos a tradução de João Ferreira de Almeida, a Bíblia de Jerusalém, a Tradução Ecumênica da Bíblia e a tradução da Conferência Nacional dos Bispos do Brasil (CNBB).
2. Escolher uma dessas traduções para o trabalho, justificando a escolha. O ideal é elaborar uma tradução própria – tendo em vista que esse é o objetivo de nossa disciplina – a partir da língua original, levando em consideração as diversas traduções editadas, com o intuito de ser o mais fiel possível ao sentido original, sem perder a clareza e a simplicidade.
3. Fazer uma leitura corrente do texto.

Uma vez realizada uma **leitura** atenciosa e crítica do texto, utilizando-se de várias versões em português, é o momento de fazer **anotações** de questões que vão surgindo no decorrer dessa leitura; essa fase ainda se trata da pré-exegese ou, como preferem alguns estudiosos, da "aproximação do texto" (Lazarini Neto, 2008, p. 7).

Nessa fase, o intérprete vai iniciar o **diálogo** com o texto. Trata-se de um primeiro contato, o qual busca a visualização de questões que uma leitura rápida e desatenta não permite notar (Lazarini Neto, 2008).

Basicamente, conforme Lazarini Neto (2008), estão em foco duas **metas** quando o exegeta faz a "aproximação do texto":

1. Familiarização com o conteúdo do livro.
2. Familiarização com o contexto histórico do livro.

O primeiro fator que o exegeta deve observar em qualquer texto da Palavra de Deus é bastante elementar; contudo, é também crucial, pois pode determinar muito do restante do trabalho. Trata-se da seguinte questão: Em que tipo de literatura será feita a exegese? O Novo Testamento é composto, basicamente, de quatro tipos ou gêneros literários:

1. As **epístolas**, em sua maior parte são compostas de **parágrafos** de argumentos ou exortações. Aqui o exegeta precisa aprender, acima de tudo, a mapear o fluxo do argumento do autor, a fim de entender determinada frase ou parágrafo.
2. Os **evangelhos** são compostos de **perícopes**, unidades individuais de narrativa ou de ensino, que são de tipos diferentes, com características formais distintas, e que foram inseridas em seus contextos pelos evangelistas.
3. **Atos** é basicamente uma série de **narrativas** curtas que relacionadas formam uma narrativa maior entremeada de **discursos**.
4. O livro de **Apocalipse** é basicamente uma série de visões cuidadosamente elaboradas e entretecidas de modo a formar uma narrativa apocalíptica completa. (Stuart; Fee, 2008, p. 26-27, grifo do original)

Embora tenham muitas coisas em comum, cada um desses gêneros também tem seus problemas exegéticos e suas "normas". Stuart e Fee (2008, p. 206) acreditam que,

depois que determinamos o gênero literário no qual o texto se encontra, precisaremos ter uma ideia provisória do que está acontecendo, tanto no texto como um todo quanto no parágrafo escolhido – perícope. Para que essa tarefa seja realizada corretamente, alguns procedimentos devem ser tomados.

Os procedimentos a que se referem Stuart e Fee (2008) serão estudados pormenorizadamente no desenvolvimento deste livro.

Contexto histórico geral

Antes de estudar qualquer frase, parágrafo ou trecho de um documento, é de extrema importância que o exegeta tenha sempre uma boa ideia geral do texto:

> Quem é o autor do texto? Quem são os destinatários? Qual o relacionamento entre ambos? Onde os destinatários vivem? Quais são suas circunstâncias no momento? Que situação histórica levou à composição do documento? Qual é o propósito do autor? Qual é o tema geral ou a preocupação do autor? O argumento ou a narrativa têm um esboço facilmente discernível? (Guia..., 2018)

Perceba que todas essas perguntas vão se complementando mutuamente de forma a deixar o exegeta cada vez mais familiarizado com o ambiente do texto.

Leitura do texto

A maneira ideal para uma boa exegese é ler o livro de uma vez só. O primeiro passo, que não tem substituto, é sempre **ler todo o livro**. Não se deve iniciar a exegese de um livro no primeiro versículo do capítulo inicial, pois é importante que o exegeta tenha a noção do todo antes de analisar as partes (Guia..., 2018).

Nessa leitura inicial, o intérprete precisa entender o assunto básico do livro, ou seja, do que trata o livro ou a epístola. Para isso, ele pode destacar algumas características encontradas no texto, como:

- descobrir tudo o que puder sobre os destinatários;
- buscar palavras e expressões repetidas;

- identificar as pessoas e os lugares mencionados;
- observar os acontecimentos (ao menos os principais);
- relacionar ordens, pedidos, proibições;
- procurar determinar a atmosfera em que o texto foi escrito (louvor, gratidão, urgência, preocupação etc.).

Divisões principais do livro

Nesse ponto, o intérprete deve organizar os parágrafos em grupos conforme o tema, a ideia principal etc. Conforme Lazarini Neto (2008, p. 8), a divisão de uma epístola ou de um livro pode ser determinada ao serem analisados os seguintes pontos:

a. *Por meio de uma declaração do autor* (cf. Cl 3.1)
b. *"Pistas" estruturais* (cf. Rm 12:1, 1 Co 7:1,25, 8:1, 12:1)
c. *Mudanças de gênero literário* (cf. 1Tm 3.16)
d. *Repetição e mudança de formas gramaticais (de indicativos, imperativos etc.)* (cp. Ef. 1-3, 4-6)

É verdade que as diversas Bíblias existentes no mercado editorial já vêm com suas propostas de divisões. Contudo, o estudioso deve ser capaz de fazer as divisões de forma autônoma.

Síntese do texto

Lazarini Neto (2008, p. 8) afirma que, "como resultado dessas observações, devemos determinar 'provisoriamente' o tema e o propósito do texto. Trata-se aqui de sintetizar as informações até aqui obtidas. Embora provisória, esta síntese é importantíssima para o processo exegético".

As perguntas listadas a seguir podem ser de grande auxílio ao intérprete na formulação do **tema** e do **propósito** provisórios:

> [...] qual a primeira impressão que o texto provoca? O que ele comunica para mim nesta primeira leitura? Que associações e sentimentos provoca em minha pessoa? Há empatia entre o que o texto diz e aquilo que penso e creio? Tenho sentimentos de contrariedade em relação a algo do texto? (Wegner, 1998, p. 22)

Aqui também é oportuno verificar se há algum detalhe no texto sobre o qual caberia um estudo mais profundo para entendê-lo ainda melhor. Nas primeiras vezes, esse processo é demorado e exige muita observação.

Wegner (1998, p. 22) ainda nos oferece outros tipos de perguntas que podem ser feitas no que se refere à área do conhecimento: "Quais são os elementos ou conteúdos apresentados que conheço ou desconheço? Que detalhes no texto caberia aprofundar para entendê-lo ainda melhor?".

Por fim, tendo em vista que a exegese não é um fim em si mesmo, mas almeja extrair do texto ensinamentos para nossos dias, uma aproximação do texto deve englobar, portanto, algumas reflexões a respeito de sua mensagem e de seus significados pessoal, eclesial e social. Com o intuito de formular algumas **diretrizes**, o exegeta pode se valer de perguntas como:

> [...] que mensagem quer o texto comunicar para mim pessoalmente, para minha Igreja e para a sociedade em que atuo? Que ideias ou práticas defende? Quais critica e por quê? Que implicações traz a mensagem do texto para a vivência de minha espiritualidade pessoal, eclesial e sociopolítica? (Wegner, 1998, p. 23)

Fica evidente que essa primeira aproximação do texto vai iniciar o diálogo do exegeta com o texto.

É importante que essas primeiras interrogações, dúvidas e mensagens do texto sejam anotadas por escrito, para que possam ser comparadas com a interpretação posterior. Uma boa exegese levará tais perguntas a sério e procurará ser sensível a elas. A anotação das dúvidas também favorece o processo de controle e revisão no final da exegese. Esse processo procurará responder a questões como: quais as dúvidas e interrogações iniciais que foram realmente aclaradas? Quais ainda carecem de esclarecimento e por quê? Em que sentido o estudo científico do texto ajudou a esclarecer as questões que a leitura intuitiva despertou no primeiro momento? Em que medida o estudo científico do texto colocou novas questões, que não haviam sido percebidas na leitura inicial? O estudo científico do texto apresentou novidades para mim? Quais foram? (Wegner, 1998, p. 23)

Coletadas as diversas informações obtidas por meio das diretrizes apontadas, o intérprete pode partir para o primeiro passo da exegese propriamente dita.

Veja que a primeira aproximação do texto já forneceu uma gama de informações muito grande. Assim, fica claro que a tarefa da exegese é muito estimulante e gratificante.

Atividades de autoavaliação

1. Leia as afirmativas a seguir e assinale a alternativa correta sobre a exegese:
    a) *Exegese* é a minuciosa interpretação de um texto ou de uma palavra. Aplica-se à Bíblia, à gramática e às leis (exegese jurídica).
    b) O vocábulo *exegese* origina-se do verbo grego *hermeneúein*. Pode-se dizer que seu significado é semelhante ao da palavra *exegese*, isto é, "interpretar".

c) A exegese auxilia na compreensão dos textos bíblicos, apesar da distância temporal e espacial e das diferenças culturais.

d) Para realizar uma exegese, é necessário esquecer o texto e seguir alguns procedimentos "técnicos", preparatórios à análise propriamente dita (exegese).

2. Leia as afirmativas a seguir e assinale a alternativa correta sobre a hermenêutica:

   a) O vocábulo *hermenêutica* origina-se do verbo grego *hermeneúein*. Pode-se dizer que o significado desse vocábulo é semelhante ao da palavra *exegese*, isto é, "interpretar".

   b) A hermenêutica é a minuciosa interpretação de um texto ou de uma palavra. Aplica-se à Bíblia, à gramática e às leis (exegese jurídica).

   c) A hermenêutica auxilia na compreensão dos textos bíblicos, apesar das distâncias temporal e espacial e das diferenças culturais.

   d) Para realizar a hermenêutica, é necessário "mergulhar" no texto; esse mergulho inicial é feito sem procedimentos "técnicos", preparatórios à análise propriamente dita (exegese).

3. Leia as afirmativas a seguir e assinale a alternativa correta sobre o objetivo da exegese:

   a) *Exegese* é a minuciosa interpretação de um texto ou de uma palavra. Aplica-se à Bíblia, à gramática e às leis (exegese jurídica).

   b) O vocábulo *exegese* origina-se do verbo grego *hermeneúein*. Pode-se dizer que seu significado é semelhante ao da palavra *exegese*, isto é, "interpretar".

c) Para realizar uma exegese, é necessário "mergulhar" no texto; esse mergulho inicial é feito por meio de alguns procedimentos "técnicos", preparatórios à análise propriamente dita (exegese).

d) A exegese auxilia na compreensão dos textos bíblicos, apesar das distâncias temporal e espacial, bem como das diferenças culturais.

4. Leia as afirmativas a seguir e assinale a alternativa correta sobre a pré-exegese:
   a) É a minuciosa interpretação de um texto ou de uma palavra. Aplica-se à Bíblia, à gramática e às leis (exegese jurídica).
   b) Trata-se do mergulho inicial feito por meio de alguns procedimentos "técnicos", preparatórios à análise propriamente dita (exegese).
   c) Origina-se do verbo grego *hermeneúein*. Pode-se dizer que o significado desse vocábulo é semelhante ao da palavra *exegese*, isto é, "interpretar".
   d) Auxilia na compreensão dos textos bíblicos, apesar das distâncias temporal e espacial, bem como das diferenças culturais.

5. Leia as afirmativas a seguir e assinale a alternativa que indica corretamente as metas da aproximação do texto:
   a) Familiarização com o conteúdo e com o contexto histórico do livro.
   b) Familiarização com a autoria e com o conteúdo do livro.
   c) Familiarização com o vocabulário e com a autoria do texto.
   d) Familiarização com o léxico e com o contexto histórico da obra.

Atividades de aprendizagem

Questões para reflexão

1. Qual a necessidade da realização de uma boa exegese?
2. Qual a importância da hermenêutica?

Atividade aplicada: prática

1. Faça uma análise pessoal de algumas interpretações bíblicas disponíveis na *internet*. Ao final da leitura deste livro, retorne a elas e faça uma avaliação final levando em conta tudo o que foi ensinado aqui.

capítulo dois

Primeiros passos

Neste capítulo, abordaremos a delimitação do texto. Antes, porém, importa tratarmos da questão do texto grego e de alguns recursos para o estudo do Novo Testamento.

2.1 Edições do texto

A edição de bolso científica do Novo Testamento é o *Novum Testamentum graece*, de Nestle e K. Aland (2012). A obra foi publicada em 1979 em uma 26ª edição completamente revisada, substituída, em 1993, pela 27ª edição, alterada no aparato crítico, com a última revisão dada pela 28ª edição, publicada em 2012. Há também o *The Greek New Testament*, editado com o propósito de servir às tarefas dos modernos tradutores, por B. Aland, K. Aland,

Karavidopoulos, Martini e Metzger, sendo publicado em 1993 em uma 4ª edição revisada (Aland et al., 1993). O texto impresso é idêntico ao da 26ª e da 27ª edições de Nestle e K. Aland; todavia, o aparato de crítica textual foi totalmente revisado e ampliado (Schnelle, 2004).

2.2 Sinopse dos evangelhos

Uma ferramenta imprescindível para o trabalho na exegese dos evangelhos sinóticos[1] e no de João é uma sinopse grega.

A Synopsis Quattuor Evangeliorum (15ª. ed., 1996), editada por Kurt Aland, oferece, com base nas 26ª e 27ª edições de Nestle-Aland, além dos trechos paralelos dos sinóticos e do evangelho de João, numerosa quantidade de textos de comprovação da patrística e, no apêndice, o texto copta do evangelho de Tomé com uma tradução alemã e latina. (Schnelle, 2004, p. 15)

Em português, temos a *Sinopse dos três primeiros evangelhos*, organizado por Kayser e Huck e publicado pela Editora Sinodal. Da mesma forma, Greeven acolheu os textos paralelos do Evangelho de João e do Evangelho de Tomé, confeccionando para o Evangelho de Tomé uma tradução própria para o grego. Greeven traz uma versão completamente autônoma do texto, de maneira que existe uma alternativa para as 26ª e 27ª edições de Nestle e K. Aland no que se refere aos evangelhos (Schnelle, 2004).

---

1 O termo *sinótico* designa os três primeiros evangelhos: Marcos, Mateus e Lucas.

2.3 Septuaginta (LXX)

A tradução grega do Antigo Testamento, conhecida como *Septuaginta* (LXX), é de grande utilidade para a exegese do Novo Testamento. Os autores dos tempos apostólicos usavam como referência essa obra existente desde a primeira metade do século III a.C.

2.4 Auxílios para a tradução

As introduções ao grego bíblico são de grande valor para o entendimento e a tradução do texto do Novo Testamento. Como há diversas obras em nosso idioma, preferimos não indicar uma obra específica. Destacamos apenas que o ideal é que o exegeta utilize uma gramática que seja bastante didática e, ao mesmo tempo, ofereça as diversas possibilidades de tradução de um texto, desde a formal até a dinâmica.[2]

Além de uma boa gramática, ou várias, se o exegeta tiver condições, precisará também dos dicionários de grego-português. Da mesma forma que as gramáticas, há diversos dicionários; contudo, para estes a variedade é menor. O intérprete deve fazer uso adequado das concordâncias gramaticais da língua grega e, quando possível, de bons *softwares* existentes no mercado especificamente para trabalhos de exegese.

Os conhecimentos bíblicos também são imprescindíveis para uma boa exegese. Vamos oferecer aqui uma lista básica de temas

---

2   Na Seção "Referências", estão listadas as principais obras em idioma português.

que devem constar na biblioteca do pesquisador que se dedica à exegese do Novo Testamento[3]:

- introdução ao Novo Testamento;
- história do cristianismo primitivo;
- mundo contemporâneo do Novo Testamento;
- geografia e arqueologia do Novo Testamento;
- orientações e livros específicos sobre o trabalho no Novo Testamento;
- comentários exegéticos sobre cada livro específico;
- teologias do Novo Testamento;
- éticas do Novo Testamento;
- *softwares* e *sites* diversos.

2.5 O texto original

Da mesma forma que na exegese do Antigo Testamento, a rigor, não será realizado um trabalho sério em exegese ou em teologia bíblica se o intérprete não partir do texto original.

Se para a exegese do Antigo Testamento há um texto-padrão que serve de base para as traduções, conhecido como *Texto Massoretico* (TM), para o texto do Novo Testamento há também uma edição crítica: o texto editado pelas Sociedades Bíblicas Unidas (United Bible Societies – UBS).

---

3 A lista apresentada aqui é básica. As obras indicadas na Seção "Referências" podem enriquecer esse elenco.

2.5.1 Novo Testamento grego – edição crítica

Conforme mencionamos, para o grego do Novo Testamento, indicamos o texto editado pelas Sociedades Bíblicas Unidas. São duas edições gêmeas: O *UBS Greek New Testament*, que já está na 4ª edição, concebido originalmente para os tradutores da Bíblia, e o *Novum Testamentum Graece*, atualmente na 28ª edição, concebido para os exegetas. A diferença entre eles está no aparato crítico.

O *Novum Testamentum Graece* tem maior número de variantes textuais que o *UBS Greek New Testament*, ao passo que este traz uma classificação mais simples em relação ao maior ou menor grau de certeza das variantes (A, B, C, D), conforme indicado a seguir (Paroschi, 2012):

- {A} – Certeza de tratar-se do texto original.
- {B} – Há alguma dúvida.
- {C} – Há dúvida entre o texto escolhido e o aparato crítico.
- {D} – Há uma enorme dúvida de que o texto escolhido seja o original.

Eberhard Nestle (1851-1913), professor em Maulbronn, Alemanha, lançou em 1898 a primeira edição de seu *Novum Testamentum Graece*, que não apresentava um texto propriamente novo, mas era baseado nas edições de Tischendorf e de Westcott e Hort. Quando o texto de ambas as versões divergia, a edição de Weiss era consultada. Assim, desta forma foi tomada a maioria das decisões: a concordância entre duas edições determinava o texto, e a leitura divergente ia para o aparato, com uma série de símbolos que permitiam ao leitor a reconstrução exata dos diversos textos das edições utilizadas. Um pouco mais abaixo do aparato crítico, Nestle fez constar uma espécie de segundo aparato crítico, em que dedicou algumas linhas para as variantes do códice[4] Beza. Apesar de pequena, a edição foi desenvolvida para finalidades práticas e apenas sintetizava os resultados das pesquisas textuais do século XIX (Paroschi, 2012).

O *Novum Testamentum Graece* abandonava os extremos de Tischendorf, com a preferência deste pelo Códice Sinaítico, e de Wetcott e Hort, que haviam priorizado o Códice Vaticano, especialmente quando o texto de Weiss era adotado. Publicada pela Sociedade Bíblica de Württemberg, em Stuttgart, Alemanha, a edição de Nestle assinalou a aceitação definitiva do texto crítico também nos meios eclesiásticos (Paroschi, 2012).

Erwin Nestle (1883-1972) deu continuidade aos trabalhos de seu pai (Eberhard Nestle), lançando, em 1914, a 10ª edição de Nestle, que incorporava várias adições ao aparato crítico. Com o lançamento da 13ª edição, em 1927, teve início um novo período na história desse Novo Testamento grego. O aparato, agora unificado, combinava as variantes das edições nas quais o texto fora originalmente baseado com um número bem maior de evidências extraídas de manuscritos, versões e citações patrísticas, permitindo, assim, um julgamento independente sobre o texto (Paroschi, 2012).

---

4   "A palavra latina *codex* era usada para designar a tábua escrita para fins jurídicos, geralmente coberta de cera, que se usava para escrever com um ponteiro. O códice era conhecido também em Roma como *liber quadratus,* pois substituiu a forma de rolos dos papiros e pergaminhos. Os códices surgiram no século 1 d.C., mas seu uso se multiplicou nos séculos II e III, aqui, eram folhas de pergaminhos agrupadas em forma de cadernos, geralmente de oito, dez ou doze folhas. Esses cadernos juntos davam o formato do nosso livro atual. Nenhum texto bíblico foi produzido nele, pois surgiu numa época em que esses livros já existiam. A grande vantagem deles foi o manuseio porque era possível colocar todos os livros da Bíblia em um só volume. O Codex Sinaiticus, com ambos os Testamentos, é o mais antigo do mundo, datado do século IV" (Soares, 2011, p. 61).

Kurt Aland (1915-1994), professor de Novo Testamento e história da Igreja na Universidade de Münster e fundador do Instituto de Pesquisa Textual do Novo Testamento, vinculado à mesma universidade, figura entre as maiores autoridades em crítica textual do século XX. Em 1952, ele se tornou editor associado de Nestle, então na 21ª edição, e seus trabalhos foram fundamentais para que o aparato crítico desse Novo Testamento grego fosse incrementado com novas evidências textuais, principalmente aquelas derivadas dos papiros. A partir daqui, a leitura demonstra que o texto está fundamentado inteiramente nos manuscritos, e não apenas nas outras edições. A 25ª edição do agora conhecido "Nestle-Aland", publicada em 1963, foi usada como base para mais uma revisão de João Ferreira de Almeida, a versão revisada. A partir da 26ª edição, lançada em 1979, o tradicional texto de Nestle foi inteiramente substituído pelo texto da 3ª edição do *The Greek New Testament*, das Sociedades Bíblicas Unidas (Paroschi, 2012).

Atualmente, temos acesso a 28ª edição de Nestle-Aland e a 4ª edição da UBS, ou Novo Testamento grego, publicado no Brasil pela Sociedade Bíblica do Brasil (SBB). A diferença entre as versões, como no decorrer de toda a história desse livro bíblico, encontra-se no aparato crítico. Para todas as versões, o texto grego é a base padrão.

Uma vez que definimos nosso ferramental de trabalho, podemos passar para a exegese propriamente dita.

2.6 Confirmação dos limites da passagem

Agora é hora de certificar-se de que a passagem escolhida para a exegese é uma unidade genuína e completa.
De acordo com Stuart e Fee (2008, p. 207):

> Mesmo que você faça a exegese de uma só frase, ela deve ter um lugar no seu próprio parágrafo ou perícope. Para fazer isso, compare a paragrafação nas duas principais edições críticas do Novo Testamento grego NA e UBS [Nestlé Aland, 28ª edição, e UBS, 4ª edição] (você vai notar que eles diferem algumas vezes) com duas ou mais traduções modernas (e.g., ARA [Almeida Revista e Atualizada] e NVI [Nova Versão Internacional]). Se houver diferenças na paragrafação, você deve decidir por si mesmo, provisoriamente, qual é a unidade básica. A decisão final sobre isso será parte do processo exegético como um todo.

Esse processo é bastante conhecido como *delimitação do texto*.

Delimitar um texto significa estabelecer em qual versículo o texto começa e em qual versículo termina, ou seja, trata-se de definir os limites "para cima" e "para baixo".

As diversas edições bíblicas vêm destacadas com subtítulos, mas devemos lembrar que eles não pertencem ao texto original. Cada editor divide o texto como acha mais conveniente e coloca os subtítulos que considera mais adequados.

Conforme Silva (2007, p. 24):

> Isso é facilmente observado quando percebemos as diferenças propostas pelas edições da Bíblia. Depois de compararmos as divisões da maneira mencionada acima. Podemos agora tentar encontra no texto, algumas marcas que permitem ao leitor treinado identificar o início e o fim de cada perícope.

Silva (2007) propõe três tipos de indícios que demarcam uma **perícope**. Ao lado de cada item, elencamos alguns trechos bíblicos que servem de exemplos.

1. Elementos que marcam um novo início:
   a) Indicação de tempo (Mateus 2: 1; Marcos 16: 1)[5].
   b) Indicação de espaço (Mateus 2: 1; Marcos 16: 1).
   c) Novos personagens/actantes[6] (Marcos 7: 1).
   d) Nova ação (Atos, 16: 16).
   e) Mudança de estilo (Lucas, 3: 23).
   f) Título (Apocalipse, 2: 1, 8, 12).
   g) Introdução ao discurso (Lucas, 15: 3).
2. Elementos que marcam o fim:
   a) Indicação de tempo (Marcos, 1: 45).
   b) Indicação de espaço (Atos, 12: 17).
   c) Multiplicação de personagens/actantes (Marcos, 1: 45).
   d) Focalização em um único personagem actante (Atos, 7: 58; 8: 1).
   e) Ação ou função do tipo terminal (Mateus, 9: 8).
   f) Frase categórica ou comentário (Lucas, 15: 7).
   g) Sumário (Lucas, 2: 40).
3. Elementos ao longo do texto para indicar sua coesão:
   a) Campo semântico (João, 15: 1-8).
   b) Intercalação (Marcos, 3: 21-22; 30-31).
   c) Inclusão (Mateus, 5: 3-10).

---

5 Todas as indicações bíblicas apontadas neste capítulo foram consultadas em Bíblia (1995).
6 Aquele que participa em uma ação ou em um processo; entidade que participa ou tem ação numa narrativa (Silva, 2007).

Um exemplo bastante elucidativo pode ser tomado de Marcos (1: 14-15). Observe os termos destacados:

[13] *onde permaneceu **quarenta dias**, sendo tentado por **Satanás**; estava com as **feras**, mas os **anjos** o serviam.*

[14] ***Depois de João ter sido preso**, foi Jesus para a **Galileia, pregando o evangelho de Deus**,*

[15] *dizendo: O tempo está cumprido, e o reino de Deus está próximo; arrependei-vos e crede no **evangelho**.*

[16] *Caminhando junto ao **mar da Galileia**, viu os irmãos **Simão e André**, que lançavam a rede ao mar, porque eram pescadores.* (Bíblia, 1995, grifo nosso)

Perceba que, embora breve, nosso texto é uma perícope completa e bem delimitada.

De acordo com Silva (2007, p. 25):

No v. 13, a indicação temporal "quarenta dias" informa-nos a duração do período em que Jesus esteve no deserto junto a Satanás, às feras e aos anjos. Estes personagens desaparecem no v. 14: Jesus está sozinho. Ou seja, o v. 13 encerra uma narrativa, ainda que breve.

No v. 14, as indicações de um novo período de tempo ("depois de João ter sido preso") e de um novo espaço ("a Galileia") atestam que estamos iniciando uma nova perícope. Além disso, Jesus, que no v. 13 era totalmente inativo, agora começa a agir "pregando o evangelho de Deus". O vocábulo "evangelho" no fim de cada um dos versículos 14 e 15 funciona como uma inclusão: o episódio está bem articulado e completo.

No v. 15, o novo deslocamento e a nova mudança de espaço focalizam com maior precisão ("junto ao mar da Galileia") a anterior indicação genérica de lugar ("Galileia"). Surgem ainda novos personagens: "Simão e André". Esses elementos indicam que o v. 15 inicia uma nova perícope.

Aqui temos uma boa indicação de texto bem delimitado. Uma vez conhecidos esses passos, vamos ao estudo de um modelo básico de exegese.

2.7 Um modelo básico

A partir deste estágio do desenvolvimento de nosso trabalho, além de utilizarmos alguns exemplos clássicos, vamos nos valer de uma exegese da perícope de Filipenses 2: 5-11, como modelo básico. À medida que formos avançando em relação aos requisitos para a elaboração de uma exegese, apresentaremos uma aplicação pormenorizada desses passos na perícope citada.

2.8 Delimitação do texto de interesse

A perícope a ser trabalhada compreende parte do capítulo 2 da carta do apóstolo Paulo aos Filipenses.

Preocupando-nos com a delimitação da perícope, percebemos que uma mudança de estilo ocorre a partir do versículo 6 do capítulo 2, passando do estilo de prosa para poesia.

Os versículos 5 a 11 desse capítulo trazem um trecho que, ao longo da história da interpretação, acabou ficando conhecido como um *hino cristológico*. Ainda que a maioria das interpretações delimite a perícope em 2: 6-11, para fins deste trabalho a divisão será de 2: 5-11.

Optamos por iniciar no versículo 5 porque este começa com uma frase que convoca os cristãos a expressarem o mesmo sentimento de Cristo. Esse sentimento é explicado nos versos 6, 7 e 8 do hino.

2.8.1 Indicadores do término

A maioria dos escritores tem interpretado essa passagem de Filipenses como uma solene declaração doutrinária do apóstolo Paulo. Segundo Carson, Moo e Morris (1997), tal passagem constituía a base de teorias kenóticas[7] da encarnação. Em tempos mais recentes, tem-se dado cuidadosa atenção à forma do texto, e atualmente, é amplamente aceito que essa perícope deve ser considerada tanto poesia quanto liturgia – em suma, um hino.

Diante do exposto, podemos afirmar que o versículo 11 é o indicador de mudança de estilo literário encontrado nessa perícope, pois, a partir do versículo 12, a escritura apresenta o tom ou o estilo de uma carta. Para Silva (2009, p. 72), do versículo 11 para o versículo 12 percebe-se novamente a mudança de estilo – dessa vez, o estilo passa de poesia para prosa.

2.8.2 Indicadores ao longo do texto

Precisamos, agora, procurar indicadores no texto para tentar delimitar nossa perícope. Mas nem sempre isso será possível. Observe que há elementos que apontam início, término e indicadores ao longo do texto. Contudo, isso não significa que em todos os textos

---

7   *Kenóticas*: do grego *kenósis* – "esvaziou-se".

são encontrados todos esses elementos. Sinalizamos apenas que eles devem ser procurados pelo intérprete. Vejamos se conseguimos encontrar indicadores no texto com o qual estamos trabalhando.

No decorrer do texto de Paulo, existem divisões de estrofes, indicando tratar-se de uma poesia inserida na carta – que está em prosa. Existe ampla discordância sobre se as estrofes são em número de três, quatro, cinco ou seis, ou se devem ser pensadas em seis dísticos (anúncios). Essas divisões indicam que, de fato, trata-se de um hino. Como não existe um consenso na literatura especializada, podemos apenas assumir que se trata de um hino dividido em estrofes (dísticos ou anúncios), sem entrarmos no mérito da quantidade exata delas.

Atividades de autoavaliação

1. Sobre a exegese, indique se as afirmações a seguir são verdadeiras (V) ou falsas (F).
   ( ) *Exegese* é a minuciosa interpretação de um texto.
   ( ) Aplica-se à Bíblia, à gramática e às leis (exegese jurídica).
   ( ) *Exegese* é a minuciosa interpretação de uma palavra.
   ( ) A exegese depende inteiramente da compreensão do leitor.

   Assinale a alternativa que corresponde à sequência correta:

   a) V, V, V, V.
   b) V, F, V, V.
   c) F, V, F, F.
   d) V, V, V, F.

2. Sobre o significado de "delimitar um texto", indique se as afirmações a seguir são verdadeiras (V) ou falsas (F).

( ) Significa estabelecer em qual versículo o texto começa e em qual versículo termina.

( ) Relaciona-se com a escolha que o intérprete faz quando quer interpretar determinado texto.

( ) Significa definir os limites "para cima".

( ) Significa definir os limites "para baixo".

Assinale a alternativa que corresponde à sequência correta:

a) F, V, F, F.
b) V, V, V, V.
c) V, F, V, V.
d) F, F, V, V.

3. Sobre *O Novo Testamento grego*, indique V (verdadeiro) para as edições que a ele correspondem e F (falso) para as que não têm relação com ele:

( ) *UBS Greek New Testament* (4ª edição).
( ) *Novum Testamentum Graece* (28ª edição).
( ) Texto Massorético (TM).
( ) Septuaginta (LXX).

Assinale a alternativa que corresponde à sequência correta:

a) V, V, F, F.
b) V, F, F, F.
c) V, V, V, V.
d) F, F, F, F.

4. Sobre a delimitação do texto de interesse do exegeta, indique V (verdadeiro) para os indicadores que se relacionam a tal delimitação e F (falso) para os que não correspondem a ela.
( ) Indicadores numéricos.
( ) Indicadores do término.
( ) Indicadores alfabéticos.
( ) Indicadores ao longo do texto.

Assinale a alternativa que corresponde à sequência correta:

a) F, V, F, F.
b) F, V, F, V.
c) F, F, V, V.
d) V, V, F, F.

5. Indique V (verdadeiro) para os auxílios com os quais o intérprete pode contar para traduzir o texto grego e F (falso) para os que não pode.
( ) Contratar um bom tradutor.
( ) Gramáticas gregas.
( ) Dicionários e léxicos.
( ) *Softwares*.

Assinale a alternativa que corresponde à sequência correta:

a) V, V, V, F.
b) F, V, V, V.
c) F, F, F, V.
d) V, F, F, V.

Atividades de aprendizagem

Questão para reflexão

1. Escolha um texto para a exegese e justifique a delimitação de acordo com os princípios aqui ensinados.

Atividade aplicada: prática

1. Procure um artigo científico realizado a partir de uma exegese, leia-o e tente encontrar os princípios aqui apontados.

capítulo três

O texto grego e
sua tradução

03

Neste capítulo, prosseguiremos com nossos passos exegéticos. Vamos adentrar no caminho da exegese de forma progressiva para que você possa, a partir de um texto de sua escolha, iniciar imediatamente os passos aqui expostos. Mais uma vez, sempre que for possível, daremos um exemplo concreto.

3.1 Análise textual

Agora, com certa familiaridade com o texto do qual estamos fazendo a exegese e a perícope bem delimitada, podemos dar um passo adiante e caminhar em direção à tomada de decisões legítimas quanto às variantes do texto. É hora de conhecer a crítica textual, que geralmente é o segundo passo da exegese e consiste em determinar com a maior exatidão possível o texto grego que será utilizado como base para a tradução e a pesquisa que virão a seguir (Wegner, 1998).

De acordo com Grassmick (2009, p. 65),

> a crítica textual é o estudo das cópias de qualquer escrito, cujo autógrafo original é desconhecido, com o propósito de determinar o texto original. A crítica textual do NT [Novo Testamento] é a aplicação desse processo às Escrituras do NT. Isso se faz necessário pela indisponibilidade dos autógrafos.

Schnelle (2004, p. 29), por sua vez, esclarece que a **crítica textual** "preocupa-se com a verificação do teor e da grafia de um texto conforme cabe pressupô-los para o autor original. Em decorrência, a crítica textual tem a tarefa de reconstituir o texto mais antigo possível do Novo Testamento com base nos documentos textuais".

A necessidade da crítica textual justifica-se tendo em vista que o Novo Testamento foi escrito no idioma grego e os manuscritos originais já não mais existem. Esses diversos manuscritos, ao longo dos séculos, foram copiados e recopiados sucessivamente, de modo que, atualmente, temos à nossa disposição milhares de cópias. Quando o intérprete compara essas cópias entre si, ele percebe que os textos reproduzidos nem sempre apresentam uma equivalência em 100% do conteúdo. Essas diferenças encontradas levam o intérprete ao estudo da crítica textual (Wegner, 1998).

Uma vez que o objeto da crítica textual é, portanto, a transmissão de textos cujo original não mais existe, "o alvo da crítica textual é a definição daquela versão do texto que o autor confeccionou no passado. A base para o trabalho é formada por edições dos textos com anotações sobre a tradição textual divergente e sua documentação" (Schnelle, 2004, p. 30) – particularmente, a 28ª edição de Nestle-Aland (2012) e a 4ª edição de *O Novo Testamento grego*, de Aland et al. (1993). Atualmente, essas duas obras apresentam o mesmo texto, apenas com um aparato crítico diferenciado. O texto grego é o mesmo utilizado para todas as traduções do Novo Testamento no mundo, porém aparato crítico de Nestle-Aland (2012) é um pouco mais detalhado que o que consta em *O Novo Testamento grego*, de Aland et al. (1993). Para quem pretende traduzir textos da Bíblia, que é o nosso caso, o aparato crítico de *O Novo Testamento grego* serve aos nossos objetivos. Portanto, para os propósitos aqui almejados, vamos adotar a edição de Aland et al. (1993), já que o texto, como mencionado, é o mesmo.

É importante que o estudante que deseja fazer exegese se esforce para se familiarizar com as terminologias e as discussões textuais, o que ocorre com tempo de estudo. Desse modo, começará a sentir confiança o suficiente para tomar as próprias decisões. Entretanto, salientamos que nem todas as variantes textuais têm relevância para a exegese. Mesmo assim, o aprendiz precisa se familiarizar o suficiente para que possa saber quais são aquelas que têm ou não importância para a interpretação, o que possibilita que avalie as decisões anteriormente tomadas por outros estudiosos. Para os fins de uma boa exegese, somente as variantes textuais que possam afetar o **sentido** de uma passagem é que precisam ser consideradas na discussão.

3.2 Crítica textual do Novo Testamento

As variantes do Novo Testamento têm diversas origens. Em geral, a gama de manuscritos para cada variante é extensa e uma apresentação minuciosa seria inviável. Faremos aqui uma discussão simplificada.

Segundo Paroschi (2012, p. 41, grifo nosso):

> Os manuscritos do Novo Testamento podem ser classificados de acordo com seu conteúdo, com a forma de sua letra ou com o material em que foram escritos. Mais usual é uma subdivisão combinada entre **papiros**, **maiúsculos**, **minúsculos** e **lecionários**, no que é preciso observar que tanto os papiros como os manuscritos em pergaminho são maiúsculos e que entre os lecionários também se encontram papiros.

Os diversos manuscritos apresentam maior fidelidade a um ou outro livro do Novo Testamento. Dessa forma, se um tipo de manuscrito é mais adequado para ser utilizado como base para os textos dos evangelhos, talvez para as Cartas Paulinas seja necessário que o intérprete adote outro manuscrito.

3.2.1 Papiros

De acordo com Paroschi (2012, p. 42), as cópias manuscritas do Novo Testamento foram, a princípio, preparadas em escrita uncial e, até o século IV, predominantemente em papiros. Até o momento estão catalogados 127 papiros, a maioria dos quais representando fragmentos de códices: apenas P^{12}, P^{13}, P^{18} e possivelmente P^{43} são fragmentos de rolos. Alguns são mais extensos, outros consistem apenas em uma folha.

Paroschi (2012) relaciona como mais importantes os seguintes papiros:

a) P^{45} **(Papiro Chester Beatty I)** – Em sua origem, continha os quatro evangelhos e o livro de Atos, em um total estimado em cerca de 218 folhas.

b) P^{46} **(Papiro Chester Beatty II)** – Contém 86 folhas quase perfeitas de um códice das epístolas de Paulo que tinha, em um único caderno, cerca de 104 folhas, das quais as últimas cinco eram provavelmente em branco.

c) **P⁴⁷ (Papiro Chester Beatty III)** – Apresenta dez folhas de um códice do Apocalipse (9: 1-17), de um total original calculado em 32.
d) **P⁵² (Papiro Rylands 457)** – Contém parte de João.
e) **P⁶⁶ (Papiro Bodmer II)** – Apresenta o Evangelho de João.
f) **P⁷² (Papiros Bodmer VII e VIII)** – Contém os livros I e II de Pedro e Judas.
g) **P⁷⁵ (Papiros Bodmer XIV e XV)** – Provavelmente o mais importante dos três manuscritos, contém a maior parte de Lucas (3-18 e 22-24)[1] e uma boa parte de João (1-15).
h) **P¹¹⁵ (Papiros Oxyrhynco 4499)** – Apresenta 26 fragmentos diferentes do livro do Apocalipse.
i) **P¹²⁷ (Papiros Oxyrhynco 4968)** – Contém oito folhas de um códice do livro de Atos.

3.2.2 Unciais ou maiúsculos

No que diz respeito aos manuscritos maiúsculos, também chamados de *unciais*, Paroschi (2012) informa que são aqueles que foram confeccionados em pergaminho, quando o papiro caiu em desuso, no início do século IV. O número de unciais catalogado atualmente é de 322.

Mais uma vez, Paroschi (2012, p. 47-58) relaciona os unciais mais importantes:

---

1 Todas as indicações bíblicas apontadas neste capítulo foram consultadas em Bíblia (1995).

a) **A ou 01 (Códice Sinaítico)** – Escrito em pergaminho fino de excelente qualidade, contém 347 folhas com boa parte do Antigo Testamento e todo o Novo Testamento. Foi escrito por cerca de três escribas, provavelmente no Egito, na primeira metade do século IV, mas representa também o trabalho de vários corretores posteriores.

b) **A ou 02 (Códice Alexandrino)** – Escrito em duas colunas por página em um pergaminho muito fino, consiste em 773 folhas de praticamente todo o Antigo Testamento e o Novo Testamento, com algumas lacunas principalmente em Mateus, João e II Coríntios.

c) **B ou 03 (Códice Vaticano)** – Escrito em pergaminho de excelente qualidade, consiste em 759 folhas e contém quase todo o Antigo Testamento e a maior parte do Novo Testamento.

d) **C ou 04 (Códice Efraimita)** – É um palimpsesto[2], o mais importante do Novo Testamento. Foi escrito no século V, provavelmente no Egito.

e) **D ou 05 (Códice Beza)** – Trata-se do mais antigo códice bilíngue do Novo Testamento. Escrito no final do século V ou início do século VI, consiste em 406 folhas e contém, em páginas paralelas de uma coluna cada, o texto grego e uma tradução latina dos evangelhos, quase em sua totalidade, e da maior parte de Atos.

f) **D₂ ou 06 (Códice Claromontano)** – É também um manuscrito bilíngue, no mesmo estilo do Códice Beza. Seu texto grego, porém, é superior, e o latim inferior ao daquele manuscrito.

----

2   "O termo palimpsesto significa: 'raspado de novo para receber outra escrita'. Quando o texto não mais interessava, acontecia de o material de escrita ser reutilizado. Por causa do preço elevado o pergaminho era raspado para ser usado novamente. O nome vem da junção dos vocábulos gregos *palin* 'de novo, novamente', e *psao* 'raspar'" (Soares, 2011, p. 51).

g) **E₂ ou 08 (Códice Laudiano)** – É um manuscrito de Atos contendo 227 folhas escritas em colunas paralelas de grego, à direita, e latim, à esquerda. Foi escrito provavelmente no final do século VI.

h) **F₂ ou 010 (Códice Augiense)** – Datado do século IX, trata-se de 136 folhas contendo as Epístolas de Paulo em grego e latim.

i) **H₃ ou 015 (Códice Coisliniano)** – Escrito no século VI, contém 41 folhas das Epístolas de Paulo.

j) **L ou 019 (Códice Régio)** – Contém o texto quase completo dos evangelhos. Provavelmente escrito no Egito no século VIII.

k) **W ou 032 (Códice Washingtoniano)** – Compreende 187 folhas com a maior parte dos quatro evangelhos. Escrito provavelmente na virada do quarto para o quinto século.

l) **Q ou 038 (Códice Korideti)** – Datado do século X, compreende os evangelhos.

m) **X ou 040 (Códice Zakyntio)** – Datado do século VIII, preserva alguns capítulos de Lucas.

n) **P ou 041 (Códice Petropolitano)** – Datado do século IX, trata-se de um manuscrito quase completo dos evangelhos.

3.2.3 Minúsculos

A expressão *minúsculos* designa os manuscritos em escrita minúscula preparados desde o século IX, quando teve início a reforma da escrita, até o século XVI, momento em que começaram a surgir os textos gregos impressos. A maior parte está em pergaminho; os que estão em papel são poucos, além de recentes. Até o momento estão catalogados 2.907 manuscritos minúsculos (Paroschi, 2012).

Paroschi (2012) afirma que os minúsculos mais importantes são os seguintes:

a) $\mathfrak{P}^1$ **(Família 1)** – Copiados entre os séculos XII e XIV.

b) $\mathfrak{P}^{13}$ **(Família 13)** – Todos copiados entre os séculos XI e XV, provavelmente na Calábria ou na Sicília, no Sul da Itália.

Outros minúsculos importantes são: **33, 81, 565, 892, 1739** e **2053**[3]. Os minúsculos recebem apenas numeração simples. Dessa forma, 33 refere-se ao número de determinado papiro, 81, a outro papiro, e assim sucessivamente.

3.2.4 Lecionários

Diferentemente dos demais manuscritos gregos, que contêm o texto do Novo Testamento de forma ininterrupta, nem que seja de um livro apenas, os lecionários são manuscritos nos quais o texto está dividido em perícopes ou unidades separadas, arranjadas em uma ordem específica e destinadas à leitura nos serviços religiosos durante o ano. Eles são todos códices confeccionados, principalmente, em pergaminho. A designação é feita com a letra "ele" em itálico, seguido do número correspondente: *l1, l2* etc. Até o momento estão catalogados 2.452 lecionários, dos quais uma pequena parte está em maiúscula, e o restante, em escrita minúscula; a data varia do quarto século ao século XVIII (Paroschi, 2012).

3.2.5 Antigas versões

A mais importante fonte para os trabalhos de restauração textual no Novo Testamento, depois dos manuscritos gregos, são as antigas

---

3 Os minúsculos recebem apenas numeração simples. Dessa forma, 33 refere-se ao número de determinado papiro, 81, a outro papiro, e assim sucessivamente. Eles estão catalogados, e *O Novo Testamento grego* (Aland et al., 1993) contém uma tabela com a indicação de todos os minúsculos existentes na atualidade.

versões, que surgiram em decorrência da expansão do cristianismo em regiões onde vários grupos étnicos não dominavam a língua grega universal. Essas versões surgiram a partir de meados do século II (Paroschi, 2012). As versões mais antigas e importantes são:

> a siríaca, a latina e a copta, as quais remontam a protótipos gregos anteriores à grande maioria dos manuscritos gregos hoje conhecidos. Assim, apesar de os mais antigos manuscritos sobreviventes dessas versões não recuarem além do início do quarto ou, quando muito, o final do terceiro século, o texto que elas evidenciam representa um estágio de desenvolvimento não posterior ao final do segundo século. O valor das versões para a crítica textual, portanto, não está nelas mesmas, mas nas indicações que dão do texto grego do qual foram traduzidas.
> (Paroschi, 2012, p. 63)

Paroschi (2012) lista as seguintes versões:

a) *sir^c* **(Siríaca Curetoriana)** – Retrocede ao segundo século ou, quando muito, o início do terceiro.

b) *sir^s* **(Siríaca Sinaítica)** – Outro manuscrito antigo siríaco, um palimpsesto. Foi escrito no final do quarto século.

c) *sir^p* **(Siríaca Peshita)** – Também conhecida como *Vulgata Siríaca*, a Peshita foi preparada no início do quinto século.

d) *sir^{pal}* **(Siríaca Palestina)** – Foi feita possivelmente a partir de fontes gregas para os cristãos do norte da Palestina que falavam o aramaico. Com data muito disputada, acredita-se, em geral, que seja do quinto século.

e) *sir^{ph}* **(Siríaca Filoxeniana)** – Preparada no início do sexto século pelo prelado auxiliar Policarpo, a pedido de Filoxeno, bispo de Mabug (485-523).

f) *sir^h* (Siríaca Heracleana) – A versão *siríaca heracleana* é assim chamada por haver sido preparada no ano 616 por Tomás de Heracleia, em um mosteiro antoniano em Enaton, nas proximidades de Alexandria, após perder seu episcopado e ser expulso de Mabug por Domiciano de Metilene, sobrinho do Imperador Maurício.

g) **Latina** – Duas são as versões latinas do Novo Testamento, a Vetus Latina, que engloba todas as traduções feitas até o quarto século, e a Vulgata Latina, preparada por Jerônimo entre 383 d.C. e 405 d.C.

h) **Copta** – O copta representa o último estágio de desenvolvimento da antiga língua egípcia.

i) *cop^{sa}* (**Copta Saídica**) – Conhecida por meio de manuscritos incompletos e fragmentários datados a partir do final do terceiro ou início do quarto século, compreende praticamente todo o Novo Testamento.

j) *cop^{bo}* (**Copta Boaírica**) – Falado na região de Alexandria, no Delta do Nilo, o boaírico tem sido o dialeto da liturgia copta desde o sexto século. A tradução do Novo Testamento nesse dialeto remonta ao quarto século e é testemunhada por cerca de uma centena de manuscritos.

k) *cop^{fai}* (**Copta Faimúmica**) – Entre os poucos manuscritos que preservam porções do Novo Testamento no dialeto faiúmico, um dos mais antigos é o códice papírico do quarto século.

l) *cop^{acm}* (**Copta Acmímica**) – A mais fragmentária das versões coptas. Um de seus manuscritos é um códice bilíngue de papiro contendo o Evangelho de João (capítulos 10 a 13), Tiago e I Clemente.

m) cop^{acm2} (**Copta Subacmímica**[4]) – Um dos mais importantes manuscritos do Novo Testamento em subacmímico, é um códice papírico também do Evangelho de João (1: 12; 20: 27).

n) cop^{meg} (**Copta Médio-Egípcia**) – Entre os mais importantes manuscritos estão dois pequenos códices papíricos (de 12,7 × 10,5 cm) datados do quarto ou quinto século.

3.2.6 Outros testemunhos

Além de todos os testemunhos mencionados nas seções anteriores, existem milhares de outros manuscritos que já estão catalogados e podem ser encontrados nas edições críticas de *O Novo Testamento grego*. Cabe mencionar aqui, a título de informação, a existência de óstracos[5] e de um número considerável de antigas versões como a gótica, a armênia, a etíope, a georgiana, a nubiana, a arábica e a eslava (Paroschi, 1993, p. 57).

Também temos acesso às citações patrísticas. O último grupo de fontes textuais do Novo Testamento são as citações encontradas nos comentários, nos sermões, nas cartas e em outros trabalhos dos antigos escritores cristãos, especialmente os situados até o quarto ou quinto século. São tão numerosas essas citações que praticamente se poderia reconstruir todo o Novo Testamento por intermédio delas, mesmo sem a ajuda dos manuscritos gregos e das versões.

---

4   Língua que floresceu por volta do século III no Egito Antigo.
5   "O termo originariamente significava "concha de ostras", mas era aplicado pelos gregos também aos cacos de cerâmica nos quais registravam seus votos. O nome dos candidatos ao exílio político também era escrito em óstracos, daí a palavra *ostracismo*" (Paroschi, 1993, p. 57).

Entre os principais autores dessas citações, Paroschi (2012) destaca: Agostinho, Ambrósio, Atanásio, Basílio, Cipriano, Cirilo, Clemente, Crisóstomo, Dídimo, Efraim, Epifânio, Eusébio, Gregório de Nissa, Gregório de Nazianzo, Hilário, Hipólito, Irineu, Jerônimo, Justino, Orígenes, Taciano e Tertuliano, para mencionar alguns.

3.2.7 História da crítica textual

Nos séculos XV e XVI, dois fatores contribuíram para que tivesse início uma nova era na história textual do Novo Testamento. De acordo com Paroschi (2012, p. 119):

> *O primeiro, obviamente, foi a invenção da imprensa, que tornou os trabalhos de reprodução textual mais rápidos e baratos, além de acabar de uma vez com a multiplicação dos erros de transcrição. O segundo fator foi o movimento renascentista, que, com sua ênfase nos valores artísticos e literários do homem, fez despertar na Europa um grande interesse pela cultura grega clássica. Como resultado, os estudiosos cristãos também começaram a valorizar os manuscritos gregos do Novo Testamento e passaram a revisar a Vulgata por intermédio deles. Isso, somado ao advento da imprensa, abriu caminho para o desenvolvimento e a sistematização da crítica textual.*

Com a contribuição desses fatores, houve a busca e a descoberta de diversos manuscritos que antes não eram julgados de grande importância. Até então utilizava-se a Vulgata sem questionamento algum; mas, com o retorno às fontes, os estudiosos começaram a valorizar os manuscritos antigos[6].

---

6 Para uma história completa da crítica textual, sugerimos a leitura do livro *Origem e transmissão do texto do Novo Testamento*, de Paroschi (2012).

3.3 Nosso modelo básico

Dando continuidade ao nosso modelo básico de exegese, vamos proceder ao trabalho de crítica textual e tradução da perícope de **Filipenses, 2: 5-11**.

As variantes encontradas em *Un comentário textual al Nuevo Testamento griego*, de Metzer (2006), foram consideradas. Antes, contudo, é importante destacar que as decisões textuais indicadas nessa obra foram realizadas por um comitê, não por um indivíduo isolado. Essas variantes encontradas no trecho citado (Filipenses, 2: 5-11) seguem mencionadas na sequência.

> **I.** τουτο (*touto* – "nisto") {B}
> A maioria do comitê chegou à conclusão de que, se γαρ (*gar* – "pois") foi a partícula original, não haveria nenhuma boa razão para havê-la omitido[7], ainda que o anacoluto que se produz ao estar τουτο (*touto* – "nisto") por si só parece requerer alguma conexão, seja mediante o uso de γαρ ουν (*gar oun* – "agora pois") ou de και (*kai* – "e") – ambas partículas presentes em diferentes manuscritos.
>
> **II.** άνθρώπων (*anthopon* – "dos homens")
> Existem alguns manuscritos antigos que, em lugar de άνθρώπων (*anthopon* – "dos homens"), dizem άνθρώπου (*anthropou* – "de homem"). Ainda que a tipologia de Adão e Cristo implícita na passagem possa explicar a instituição, o mais provável é que o número singular seja simplesmente um ajuste não doutrinal com o singular δοῦλος (*doulos* – "escravo") e com ἄνθρωπος (*anthropos* – "homem") que segue.

---

7   Chegou-se a sugerir que o fato de o versículo 5 iniciar uma nova lição facilita a omissão de γαρ.

III. τὸ ὄνομα (*to onoma* – "um nome") {B}
O *Textus Receptus* segue D F G Ψ e a múltiplos manuscritos minúsculos, os quais não apresentam o artigo τό. O sentido resultante é que Jesus recebeu um nome não especificado, o qual posteriormente foi definido com esse nome que está acima de todo nome. Ainda que o artigo antes de ὄνομα possa ter sido introduzido para assimilar a expressão com que é mais conhecida ("o nome"), também é possível que, de alguma maneira, a última sílaba de ἐχαρίσατο (*echarísato* – "deu") tenha produzido a omissão do artigo. Em termos gerais, o comitê se mostrou impressionado pelo peso dos manuscritos que incluem a palavra.

IV. ἐξομολογήσηται (*exomologesetai* – "confesse") {C}
O subjuntivo pode ser uma assimilação dos copistas da palavra κάμψῃ (*kampse* – "dobrar"), mas o indicativo pode ser uma assimilação do indicativo ὄμειται (*omeitai* – "jurará"), de Isaías, 45: 23. Em vista do equilíbrio de ambas as possibilidades, o comitê preferiu adotar a leitura avaliada por P46 B *al*.

V. κύριος Ἰησοῦς χριστός (*kyrios Iesous Christos* – "Senhor Jesus Cristo") {A}
Vários manuscritos, principalmente ocidentais, omitem a palavra χριστός (*Christos* – "Cristo"), talvez para ajustar a expressão à do versículo 10 (Metzger, 2006).

Diante das variantes encontradas, percebe-se que elas não trazem variações que possam alterar o significado do texto. Além disso, os comentários técnicos consultados não tratam de nenhuma das variantes contidas no aparato crítico. Por conseguinte, adota-se o princípio de que as variantes não são relevantes a ponto de interferirem na tradução de nosso texto modelo.

3.3.1 Análise gramatical de cada palavra do texto grego

Para uma exegese mais segura, o texto a ser trabalhado será analisado, primeiramente, palavra por palavra, de forma individual e seguindo a sequência natural; somente em seguida serão analisadas as palavras em conjunto, ou seja, as frases (Gusso, 2005). Essas ações proporcionam uma tradução mais precisa.

Para o passo da análise gramatical, Kunz (2008) oferece uma boa sugestão de quadro das palavras gregas.

Quadro 3.1 – Análise gramatical

Versículo	Forma no texto	Categoria	Tempo	Modo	Voz	Pessoa	Número	Caso	Uso/significado	Gênero	Forma léxica	Tradução
5	Τοῦτο	pronome demons-trativo					S	acusativo	isto	neutro		isto
	φρονεῖτε	verbo	Pres.	Imp.	A	2	P				φρονέω	tende
	ἐν	preposição						dativo				em
	ὑμῖν	pronome pessoal					P	dativo				vós
	ὃ	pronome relativo					S			neutro		o que
	καὶ	conjunção										também
	ἐν	preposição						dativo				em

(continua)

(Quadro 3.1 – conclusão)

Versículo	Forma no texto	Categoria	Tempo	Modo	Voz	Pessoa	Número	Caso	Uso/significado	Gênero	Forma léxica	Tradução
Χριστῷ	substantivo						s	dativo		masc.		ungido, messias, Cristo
Ἰησοῦ,	nome próprio						s	dativo		masc.		Jesus

Fonte: Elaborado com base em Kunz, 2008, p. 7.

Para realizar a tradução literal do texto, o exegeta deverá seguir as seguintes **orientações**, conforme Wegner (1998):

a) Substantivos e verbos devem ser traduzidos, sempre que possível, segundo seu significado primário, ou seja, de raiz. Isso vale para os casos em que um termo tem um significado básico, a partir do qual outros significados foram acrescentados posteriormente. A interpretação posterior é baseada na verificação do contexto, observando se existe outro significado.

b) A tradução literal procura respeitar a inclusão ou a omissão dos artigos, bem como a ordem original das palavras, desde que, naturalmente, isso não produza, em português, um sentido diferente daquele que havia no original grego.

c) Construções rústicas gramaticais podem ser preservadas.

d) Recomenda-se que intérpretes pouco familiarizados com o grego façam uma análise gramatical e a tradução de todas as palavras seguindo o modelo do Quadro 3.1.

Basicamente, há dois tipos de tradução: 1) a correspondência formal; 2) a equivalência dinâmica. O princípio da **correspondência**

O texto grego e sua tradução

formal leva à realização de uma tradução literal; o princípio da **equivalência dinâmica**, por outro lado, permite uma tradução idiomática. O intérprete pode seguir o primeiro princípio a essa altura do trabalho e, em seguida, utilizar o segundo princípio (Wegner, 1998).

3.3.2 Tradução do texto

Neste ponto da exegese, a tradução é feita em fases distintas. A primeira delas, conforme mencionamos, é a análise e a tradução de cada palavra, fase que consiste na tradução **literal** da perícope escolhida. A segunda parte consiste em uma tradução **literal melhorada**, onde as frases são colocadas em bom português, adaptando-se a estrutura grega para a língua portuguesa. Para essa tradução, é necessário um esforço adicional do exegeta para que o texto apresente uma linguagem simples. É preciso, entretanto, manter a fidelidade à mensagem contida nas estruturas do texto original (Gusso, 2005).

Quadro 3.2 – Tradução inicial

V.	Tradução literal (Filipenses 2)	Tradução dinâmica
5	Isto tende em mente entre vós, o que também em Cristo Jesus.	Isto pensai em vós o que também em Cristo Jesus.
6	o qual existindo em forma de Deus não usurpou (quis reter a qualquer custo) o ser igual a Deus.	o qual em forma de Deus existindo não considerou como presa a agarrar o ser igual a Deus.
7	mas a si mesmo se esvaziou tomando a forma de escravo tornando-se semelhança de humanos; e achado em forma (exterior) como ser humano.	mas despojou-se tomando a forma de escravo, tornando-se semelhante aos homens, e achando-se na forma de homem.

(continua)

(Quadro 3.2 – conclusão)

V.	Tradução literal (Filipenses 2)	Tradução dinâmica
8	humilhou-se a si mesmo fazendo-se obediente até (a) morte, e morte de cruz.	humilhou-se a si mesmo tornando-se obediente até a morte (e morte de cruz).
9	Por isso também Deus a ele grandemente exaltou e concedeu-lhe o nome acima de todo nome.	Por isso também Deus a ele exaltou sobremaneira e lhe concedeu (como favor) o nome acima de todo nome.
10	para que em o nome de Jesus todo joelho se dobre, de (seres) celestiais e de (seres) terrestres e de (seres) debaixo da terra.	a fim de que ao nome de Jesus todo joelho se dobre no céu, na terra e debaixo da terra.
11	e toda língua confesse que Jesus Cristo (é) Senhor para glória de Deus Pai.	e toda língua confesse que Jesus Cristo é o Senhor, para a glória de Deus Pai.

Na primeira coluna, deve ser indicada a tradução de forma literal. Isso se consegue simplesmente trazendo as palavras obtidas no quadro da análise gramatical para a formação do texto. Em seguida, na segunda coluna, deve ser feita uma tradução dinâmica. Na sequência, é necessário buscar melhorar um pouco o texto, tornando-o um pouco mais próximo da nossa linguagem, de forma que, mesmo não se distanciando muito da tradução literal, o texto reflita mais de perto o sentido no idioma que o exegeta utiliza.

3.3.3 Análise comparativa entre versões

A partir deste ponto da exegese, o intérprete poderá avaliar outras traduções existentes. Isso é feito comparando-se a própria tradução com outras traduções em uso. Esse exercício comparativo tem como finalidade, entre outras, avaliar a fidedignidade das traduções em uso nas comunidades, mostrar as várias possibilidades de tradução do texto e levar a uma eventual revisão da tradução fruto desse trabalho.

Para uma melhor análise, serão levadas em conta as questões indicadas por Wegner (1998, p. 33-34):

> Os e as exegetas deverão se perguntar se o texto das versões avaliadas:
> - Omite termos ou expressões do original grego. Em caso positivo: qual a natureza das omissões? Atingem conteúdos essenciais, como substantivos e verbos, ou se restringem a partes menos importantes, como artigos ou partículas? E, mesmo nestes últimos casos: as omissões alteram o sentido do original grego?
> - Acrescenta termos ou expressões ao original grego. Qual a natureza de tais acréscimos? Eles apenas explicam as palavras gregas, ou as interpretam já num sentido bem determinado?
> - Modifica/substitui termos ou expressões do original grego. As modificações implicam uma interpretação ou uma adaptação ao sentido específico dado pelo contexto [...]? As modificações implicam uso de expressões diferentes, mas com um sentido idêntico ao do original, como é o caso na tradução de certas expressões idiomáticas? Ou a modificação é uma tentativa de simplificar um texto original muito longo e complexo?

Aqui, procuraremos seguir esses passos.

Avaliação da versão Almeida Revista e Atualizada (ARA)

A seguir, transcrevemos o texto ora em análise na versão Almeida Revista e Atualizada – ARA (Bíblia, 1993). Trata-se de uma das versões que utilizaremos para nossa comparação entre versões.

[vers. 5] *Tende em vós o mesmo sentimento que houve também em Cristo Jesus,*

[vers. 6] *pois ele, subsistindo em forma de Deus, não julgou como usurpação o ser igual a Deus;*

[vers. 7] *antes, a si mesmo se esvaziou, assumindo a forma de servo, tornando-se semelhança de homens; e, reconhecido em figura humana,*

[vers. 8] *a si mesmo se humilhou, tornando-se obediente até à morte e morte de cruz.*

[vers. 9] *Pelo que também Deus o exaltou sobremaneira e lhe deu o nome que está acima de todo nome,*

[vers. 10] *para que ao nome de Jesus se dobre todo joelho, nos céus, na terra e debaixo da terra,*

[vers. 11] *e toda língua confesse que Jesus Cristo é Senhor, para glória de Deus Pai.* (Bíblia. Filipenses, 1993, 2: 5-11)

Uma vez que temos a tradução literal, realizada por nós mesmos, e transcrevemos a versão ARA (Bíblia, 1993), podemos fazer uma avaliação dessa versão. Vamos observar modificações, acréscimos e omissões textuais.

- Vers. 5 – A versão assume que a expressão "o que também em" pode ser considerada como "o mesmo sentimento que houve também".
- Vers. 6 – A versão opta pelo termo *subsistindo* em vez de *existindo*.
- Vers. 7 – A versão traduz por *servo* em vez de *escravo*.
- Vers. 8 – A versão traz a expressão *tornando-se* em vez de *fazendo-se*.
- Vers. 9 – A versão troca *grandemente* por *sobremaneira*.

- Vers. 10 – A versão optou pela expressão "nos céus, na terra e debaixo da terra", em vez da tradução mais literal "de seres celestiais e de seres terrestres e de seres debaixo da terra".
- Vers. 11 – A versão optou por manter a expressão *Cristo*, que não consta nos melhores manuscritos.

Com base no exposto, destacamos que a versão de ARA (Bíblia, 1993) para Filipenses 2: 5-11 caracteriza-se pelos seguintes aspectos:

- Faz alguns acréscimos explicativos ao texto, por exemplo, a expressão *sentimento* no vers. 1. Tais acréscimos procuram explicar o que estava implícito no texto. Não alteram, pois, o conteúdo.
- Realiza a substituição de *existindo* por *subsistindo* no vers. 6, com o objetivo de evitar que a expressão *existindo* denote Cristo como um ser criado.
- Traduz de forma imprecisa o termo *escravo* por *servo* no vers. 7, talvez para tentar um melhor estilo de linguagem. No entanto, essa substituição parece diminuir o peso da melhor tradução: *escravo*.
- Substitui a expressão *fazendo-se* por *tornando-se* no vers. 8. A opção *fazendo-se* parece transmitir melhor a ideia de voluntariedade e ação própria, pois o verbo encontra-se no reflexivo.
- O uso do substantivo *Cristo* no vers. 11 parece seguir os manuscritos que querem ajustar-se à expressão do vers. 10.

Avaliação da Nova Tradução na Linguagem de Hoje (NTLH)

A seguir, transcrevemos o texto ora em análise na versão *Nova tradução na linguagem de hoje* (NTLH):

> [vers. 5]: *Tenham entre vocês o mesmo modo de pensar que Cristo Jesus tinha:*
>
> [vers. 6] *Ele tinha a natureza de Deus, mas não tentou ficar igual a Deus.*
>
> [vers. 7] *Pelo contrário, ele abriu mão de tudo o que era seu e tomou a natureza de servo, tornando-se assim igual aos seres humanos.*
>
> [vers. 8] *E, vivendo a vida comum de um ser humano, ele foi humilde e obedeceu a Deus até a morte – morte de cruz.*
>
> [vers. 9] *Por isso Deus deu a Jesus a mais alta honra e pôs nele o nome que é o mais importante de todos os nomes,*
>
> [vers. 10] *para que, em homenagem ao nome de Jesus, todas as criaturas no céu, na terra e no mundo dos mortos, caiam de joelhos*
>
> [vers. 11] *e declarem abertamente que Jesus Cristo é o Senhor, para a glória de Deus, o Pai.* (Bíblia. Filipenses, 2000, 2: 5-11)

Agora, vamos proceder a uma avaliação da tradução NTLH. Com base no texto transcrito, podemos destacar os seguintes aspectos:

- Vers. 5 – A versão assume que a palavra *mente* possa ser considerada como "mesmo modo de pensar".
- Vers. 6 – A versão opta pela expressão "natureza de Deus" em vez de *existindo*.
- Vers. 7 – A versão traduz por *servo* em vez de *escravo*.
- Vers. 8 – A NTLH traz a expressão "vivendo a vida comum de" em vez de *fazendo-se*.

- Vers. 9 – A NTLH troca *grandemente* por "mais alta honra".
- Vers. 10. – A versão optou por "nos céus, na terra e no mundo dos mortos", em vez da tradução mais literal "de seres celestiais e de seres terrestres e de seres debaixo da terra".
- Vers. 11 – A versão também optou por manter a expressão *Cristo*, que não consta nos melhores manuscritos.

Dessa forma, a versão da NTLH para Filipenses, 2: 5-11 caracteriza-se pelos seguintes aspectos:

- Faz alguns acréscimos explicativos ao texto, por exemplo, a expressão "mesmo modo de pensar" no vers. 1. Tais acréscimos procuram explicar o que estava implícito no texto. Não alteram, pois, o conteúdo.
- Realiza a substituição da expressão *existindo* por "natureza de Deus" no vers. 6, com o objetivo transmitir a ideia de mesma essência.
- Traduz de forma imprecisa o termo *escravo* por *servo* no vers. 7, talvez para tentar um melhor estilo de linguagem. No entanto, essa substituição parece diminuir o peso da melhor tradução – *escravo*.
- Substitui a expressão *fazendo-se* por "vivendo a vida comum de" no vers. 8. A opção "vivendo a vida comum de" parece transmitir melhor a ideia de que a atitude não se restringiu ao ato do nascimento, mas a todo o tempo que Jesus esteve na Terra.
- Utiliza o substantivo *Cristo* no vers. 11 de modo a parecer seguir os manuscritos que querem ajustar-se à expressão do vers. 10.

Atividades de autoavaliação

1. Leia as afirmativas a seguir e assinale a alternativa correta sobre crítica textual:
   a) De acordo com Grassmick (2009, p. 65), "a crítica textual é o estudo das cópias de qualquer escrito, cujo autógrafo original é desconhecido, com o propósito de determinar o texto original. A crítica textual do NT [Novo Testamento] é a aplicação desse processo às Escrituras do NT. Isso se faz necessário pela indisponibilidade dos autógrafos".
   b) A crítica textual é o estudo dos originais de qualquer escrito, cujo autógrafo original deve ser conhecido, com o propósito de determinar o autor original.
   c) A crítica textual é o estudo das cópias de qualquer escrito, cujo autógrafo original é desconhecido, com o propósito de determinar autoria. A crítica textual do NT (Novo Testamento) é a aplicação desse processo às suas Escrituras.
   d) A crítica textual é o estudo das cópias de textos do Novo Testamento, cujo original é conhecido, com o propósito de determinar o autor original.

2. Indique V (verdadeiro) para os principais manuscritos para a crítica textual e F (falso) para aqueles que não correspondem a eles.
   ( ) Papiros e unciais.
   ( ) Minúsculos e lecionários.
   ( ) Antigas versões.
   ( ) Outros testemunhos.

Assinale a alternativa que corresponde à sequência correta:

a) V, V, V, V.
b) V, V, F, V.
c) V, F, F, F.
d) F, V, F, V.

3. Sobre a definição de *papiros*, indique se as afirmações a seguir são verdadeiras (V) ou falsas (F).

( ) São as cópias manuscritas do Novo Testamento que foram, a princípio, preparadas em escrita uncial até o século IV.
( ) A maioria deles representam fragmentos de códices.
( ) São as cópias manuscritas do Novo Testamento que foram, a princípio, preparadas em minúsculos.
( ) São as cópias manuscritas do Novo Testamento que foram, a princípio, preparadas em escrita uncial até o século V.

Assinale a alternativa que corresponde à sequência correta:

a) V, V, V, V.
b) V, V, F, F.
c) V, F, F, F.
d) F, V, F, V.

4. Sobre o conceito de *unciais*, indique se as afirmações a seguir são verdadeiras (V) ou falsas (F).

( ) São os escritos confeccionados em papiro.
( ) São os escritos em minúsculos que utilizam papiro.
( ) São os manuscritos maiúsculos.
( ) Foram confeccionados em pergaminho, quando o papiro caiu em desuso, no início do século IV.

Assinale a alternativa que corresponde à sequência correta:

a) V, V, V, V.
b) V, V, F, F.
c) V, F, F, F.
d) F, F, V, V.

5. Sobre a acepção de *lecionários*, indique se as afirmações a seguir são verdadeiras (V) ou falsas (F).

( ) Manuscritos nos quais o texto está dividido em capítulos.

( ) Manuscritos nos quais o texto está dividido em perícopes, arranjadas em ordem específica e destinadas à leitura nos serviços religiosos durante o ano.

( ) Manuscritos arranjados em ordem específica e destinados à leitura nos serviços religiosos durante o ano.

( ) Manuscritos nos quais o texto está dividido em versículos.

Assinale a alternativa que corresponde à sequência correta:

a) V, V, V, V.
b) V, V, F, F.
c) F, V, V, F.
d) F, F, V, V.

Atividades de aprendizagem

Questões para reflexão

1. Em grupos, cada aluno deverá auxiliar o outro a realizar a crítica textual da perícope escolhida no capítulo anterior.

2. Acesse o *site* oficial do Nestle-Aland (disponível em: <http://www.nestle-aland.com/en/read-na28-online/>) e confira os textos gregos na versão crítica atual. Aproveite para ajustar sua perícope.

Atividade aplicada: prática

1. Visite o *site* de crítica textual (disponível em: <https://exegesesacra.com/critica-textual/>), assista aos vídeos e faça um resumo.

capítulo quatro

A análise literária e os gêneros literários

04

Nosso trabalho até o momento consistiu na comparação de versões. Neste capítulo, daremos continuidade a essa tarefa com um aprofundamento linguístico e estilístico do texto do Novo Testamento. Seguiremos, então, com a análise do texto de Filipenses, 2: 5-11.

4.1 Análise do contexto literário

Para que a exegese chegue à mensagem transmitida pela perícope, faz-se necessária uma análise do contexto literário.

De acordo com Carson, Moo e Morris (1997), geralmente se aceita que Paulo, no texto de Filipenses, 5: 5-11, empregou um hino existente e, embora alguns estudiosos sustentem que o apóstolo o escreveu, a opinião mais comum é que ele fez uso da composição de alguma outra pessoa e a adaptou para seus propósitos. Nesse sentido, H. Koester (citado por Carson; Moo; Morris, 1997, p. 358) sustenta que o contexto da cristologia do hino "foi fornecido por uma versão do tema do Servo Sofredor que se desenvolveu na sabedoria especulativa do judaísmo". Paulo retomou o que originariamente foi escrito sobre a sabedoria e aplicou-o a Cristo. Foi necessária alguma reformulação do hino com a inserção de várias frases em prosa, o que significa que "já não é possível reconstruir a forma poética original" (Carson; Moo; Morris, 1997, p. 358).

4.2 Análise do significado de palavras e frases importantes

Em uma exegese, é necessário que o exegeta dê especial atenção a palavras e frases importantes, focando em termos que se repetem ao longo do texto, bem como na teologia do Novo Testamento.

Não podemos esquecer que cada termo tem seu significado, o qual é, em última instância, ditado pelo próprio contexto (Gusso, 2005).

4.2.1 Cristo

Cristo quer dizer "ungido". É um termo aplicado a Jesus, o qual indica que ele é o rei e libertador tão esperado pelo povo de Israel. Durante séculos, o povo judeu buscou um messias – "ungido" – segundo as Escrituras, um libertador que introduziria um reino de paz e prosperidade:

Eis que reinará um rei com justiça, e com retidão governarão príncipes. Um varão servirá de abrigo contra o vento, e um refúgio contra a tempestade, como ribeiros de águas em lugares secos, e como a sombra duma grande penha em terra sedenta. Os olhos dos que veem não se ofuscarão, e os ouvidos dos que ouvem escutarão. O coração dos imprudentes entenderá o conhecimento, e a língua dos gagos estará pronta para falar distintamente. Ao tolo nunca mais se chamará nobre, e do avarento nunca mais se dirá que é generoso. Pois o tolo fala tolices, e o seu coração trama iniquidade, para cometer profanação e proferir mentiras contra o Senhor, para deixar com fome o faminto e fazer faltar a bebida ao sedento. Também as maquinações do fraudulento são más; ele maquina invenções malignas para destruir os mansos com palavras falsas, mesmo quando o pobre fala o que é reto. Mas o nobre projeta coisas nobres; e nas coisas nobres persistirá. (Bíblia. Isaías, 1995, 32: 1-8)

Jesus foi claramente identificado como esse messias na grande confissão de Pedro: "Tu és o Cristo, o Filho do Deus vivo" (Mateus, 16: 16)[1] (Youngblood, 2004).

4.2.2 Esvaziou-se

Esse é um conceito teológico usado com referência à dupla natureza de Jesus como plenamente humano e plenamente divino. A palavra origina-se no verbo (*ekénōsen*), que tem como raiz a palavra (*kenóō*). Alguns léxicos traduzem por "despojo", "humilhação" (McKibben; Stockwell; Rivas, 1978), e outros vertem para "anular" ou "fazer vão" (Taylor, 1991).

Segundo Champlin (1982, p. 29),

---
1 Todas as indicações bíblicas apontadas neste capítulo foram consultadas em Bíblia (1995).

isso expressa a humanidade de Cristo. Esse é um tema por demais negligenciado no seio da Igreja, até mesmo em sua secção evangélica, [...] a qual, apesar de tudo quanto diz em contrário, enfatiza tão somente a divindade de Cristo, até mesmo no que tange à sua natureza da encarnação. A verdade toda dessa questão é que o Senhor Jesus cumpriu a sua missão inteira como homem, extraindo do Espírito Santo, que a ele fora conferido sem medida, todo o poder que exerceu. E este o foi transformando como homem, para que pudesse operar obras admiráveis.

Ainda para esse autor:

1. Cristo se identificou totalmente conosco, em nossa natureza humana, a fim de que, eventualmente, pudéssemos identificar-nos totalmente com ele, em sua natureza divina. Portanto, a própria salvação consiste da condução de <<muitos filhos>> à glória (ver Heb. 2: 10). [...] 4. Ele tomou sobre si nosso próprio tipo de natureza humana, debilitada como ela está pelo pecado (ver Rom 8: 3), embora nunca houvesse cometido pecado. Não obstante, em sua humanidade, ele teve de abordar os mesmos problemas e fraquezas que nos afligem. Em Jesus, pois, Deus irrompeu no mundo, e assim permitiu que os homens alcançassem autêntica vitória espiritual. (Champlin, 1982, p. 29)

Observamos com facilidade que se trata de um esvaziamento de Cristo, o qual deve servir de modelo para aqueles que o seguem. Se Cristo, sendo Deus, esvaziou-se, nós, servos seus, devemos assumir a forma de quem de fato está disposto à posição de humildade. Na realidade espiritual, a humildade consiste na verdadeira vitória espiritual.

4.2.3 Escravo

De acordo com os historiadores, a liberdade pessoal era a posse mais preciosa para o grego ático. Ser independente de outras pessoas, dirigir a própria vida e viver conforme a própria escolha é da essência de tal liberdade. O δοῦλος (*doulos* – "escravo") pela própria natureza das coisas não pertencia a si mesmo, mas a outra pessoa (Brow; Coenen, 1981).

O termo δοῦλος (*doulos*) e seus cognatos aparecem muito frequentemente nos escritos de Paulo, o qual se apresenta também como escravo de Cristo Jesus por diversas vezes (Romanos, 1: 1; Filipenses, 1: 1; Gálatas, 1: 10). Essa última avaliação da escravidão é tão excelente que somente a dignidade que ela recebe em razão do título de δοῦλος (*doulos*) ter sido outorgado ao κύριος (*kýrios* – "Senhor") pode ser melhor ainda. Cristo se despojou, tomando sobre Si a forma de um servo. Acima de tudo, a declaração de Filipenses, 2: 7 mostra a significância desse grupo de palavras. Ao tornar-Se homem, o Preexistente toma sobre Si a forma de um δοῦλος (*doulos*). Quando Cristo assume a forma de um escravo, entra em plena solidariedade com a humanidade, em sua sujeição ao pecado, à lei e à morte. Como servo, Ele está sujeito à lei (Gálatas, 4: 4) e leva sobre Si a maldição dessa lei (Gálatas, 3: 13). Assume a forma "em semelhança de carne pecaminosa" (Romanos, 8: 3), fazendo-Se, por toda a vida. É a forma de escravo que descreve com exatidão a encarnação de Jesus Cristo como a mais profunda auto-humilhação (Brow; Coenen, 1981).

4.2.4 Senhor

"Jesus é o Senhor" é o ponto máximo da declaração de fé cristã. "Ninguém pode dizer: Senhor Jesus! Senão pelo Espírito Santo"

(I Coríntios, 12: 3). Portanto, um cristão é alguém que confessa Jesus como Senhor. Várias palavras que denotam senhorio foram usadas para se referir a Jesus no Novo Testamento. A mais frequente e importante em relação à doutrina da pessoa de Jesus foi a palavra κύριος (*kýrios*), frequentemente dita sobre Ele como termo polido de tratamento, com o significado de "Senhor" (Youngblood, 2004).

Após sua ressurreição e exaltação, Jesus recebeu o título de *Senhor* no sentido total da cristologia. Pedro, ao concluir sua pregação à multidão em Jerusalém no dia de Pentecostes, declarou: "Esteja absolutamente certa, pois, toda a casa de Israel de que este Jesus, que vós crucificastes, Deus o fez Senhor e Cristo" (Atos, 2: 36) (Youngblood, 2004).

O texto imprescindível no Novo Testamento que mostra o sentido com o qual Jesus foi reconhecido como Senhor é justamente o de Filipenses, 2: 5-11. Nesses versículos, Paulo pode ter citado uma confissão pioneira de fé do cristianismo, como já mencionado. Esse texto fala como Jesus não julgava o fato de ter igualdade com Deus como algo que poderia ser explorado a seu favor. Em vez disso, Ele humilhou-se, tornando-se homem, exibindo a "forma de Deus" na "forma de escravo". Tornou-se "obediente até a morte e morte de cruz" (Youngblood, 2004).

O nome que está acima de todo nome é, provavelmente, o título *Senhor* em seu sentido mais elevado. As palavras ecoam em Isaías, 45: 23, no qual o Deus de Israel jura: "Diante de mim se dobrará todo joelho, e jurará [ou confessará] toda língua". No texto do Antigo Testamento, o Deus de Israel nega a qualquer outro ter o direito de receber a adoração que pertence somente a Ele. Contudo, no texto de Filipenses, Deus prontamente compartilha essa adoração com Jesus, humilhado e exaltado. Mais do que isso, o Pai compartilha seu próprio nome com o Filho. Quando os homens honram Jesus como Senhor, Deus é glorificado (Youngblood, 2004).

4.2.5 Glória de Deus

A palavra δόξα (*dóxa*) consta 165 vezes no Novo Testamento, sendo que 77 das ocorrências estão nas epístolas de Paulo. O significado de δόξα é uma continuação do uso da Septuaginta LXX. Os significados, particularmente na perícope em estudo, são "honra", "fama" e "reputação". A conotação especificamente bíblica pode ser notada em expressões como "glorificar a Deus" (Lucas, 17: 18), "para a glória de Deus" (Romanos, 15: 17), nas assim chamadas *doxologias* (Filipenses, 4: 20) e em referências a Cristo (Romanos, 16: 27) (Brow; Coenen, 1981).

Para os gregos, a fama e a glória estavam entre os valores mais importantes da vida. Os rabinos, também, tinham em alta estima a honra do homem. No texto em estudo (Filipenses, 2: 5-11), δόξα pode ser traduzida, de modo geral, por "honra" (Brow; Coenen, 1981, p. 311).

4.3 Análise estilística

Na análise sintática, pretendíamos perceber a forma como o autor articula as palavras; na análise estilística, preocupamo-nos com a maneira pela qual ele procura dar maior expressividade, mais colorido e vivacidade a seu texto. Estudar o estilo de um autor equivale a estudar as chamadas *figuras* (Silva, 2009).

> Há figuras de linguagem comuns a todos os idiomas, mas há também algumas próprias de um grupo linguístico ou de uma cultura. No Novo Testamento encontram-se muitas figuras da língua portuguesa, e mais outras próprias do antigo universo semita e do grego.
>
> E, como acontece com todo e qualquer texto, várias figuras das línguas e das culturas bíblicas se perdem na tradução, seja porque o idioma de

chegada não permite manter o original, seja porque há jogos de palavras e expressões idiomáticas intraduzíveis. Por outro lado, são introduzidas aquelas da língua e da cultura do tradutor, além daquelas ligadas ao estilo pessoal de quem traduz. (Silva, 2007, p. 33)

4.3.1 Figuras de pensamento, de retórica, de construção, de sintaxe, de palavra ou de estilo

Para os exemplos desta seção, faremos uso de diversas perícopes. Confira:

- **Polissíndeto** – Também conhecido como *parataxe*, é o uso exagerado da conjunção καὶ [*e*]. Recorrendo a uma estatística do Evangelho de Marcos, por exemplo, logo constatamos que esse vocábulo aparece em grande quantidade. Apenas em 4: 35-41 ele ocorre 17 vezes. Marcos utiliza-se da conjunção da mesma forma como utilizaria o correspondente hebraico. Com tal recurso, os elementos coordenados interpenetram-se, e o relato adquire continuidade, vivacidade e fluidez (Silva, 2007).
- **Assíndeto** – Ao contrário da figura anterior, trata-se da ausência de conjunções. Exemplos: Efésios, 4: 5-6; I Timóteo, 3: 16 (Silva, 2007).
- **Poliptoto** – Sua característica é a repetição da mesma palavra com diferentes flexões, sendo muito comum com verbos, nomes, pronomes e adjetivos. Exemplos: Mateus, 13: 17; I Coríntios, 2: 13 (Silva, 2007).
- **Pleonasmo** – Trata-se da repetição de um termo que já foi expresso; também pode ser a repetição de uma ideia que já foi sugerida. A intenção é dar mais clareza ou ênfase (Bechara, 2009). No texto de Marcos, 4: 35-41, se fôssemos traduzir a

expressão grega com toda a sua força, verteríamos para "tempestade de vento de (com) vento". Isso se deixarmos de fora o adjetivo *grande*. Da mesma forma, leríamos quase ao final: "ficaram amedrontados (com) medo" (Marcos, 4: 41).

- **Macarismo ou bem-aventurança** – *Macarismo* é uma expressão derivada da palavra grega que significa "felicitação, bem-aventurança". Trata-se de uma bendição ou louvação de alguém, iniciada pela fórmula "bem-aventurado". Exemplos: Mateus, 5: 3-12; Lucas, 6: 20-23 (Silva, 2007).
- **Antropomorfismo** – Trata-se da atribuição de formas e ações humanas a Deus. Exemplo: Lucas, 11: 20 (Silva, 2007).
- **Antropopatismo** – Neste caso, o texto atribui sentimentos humanos a Deus. Exemplo: Lucas, 1: 78 (Silva, 2007).
- **Gradação** – É quando se dispõe palavras, ideias ou fatos em ordem crescente ou decrescente. Exemplo: Romanos, 8: 29-30 (Silva, 2007).
- **Eufemismo** – O eufemismo é uma forma utilizada para suavizar expressões chocantes (Garcia; Reis, 1998). Exemplo: João, 11: 11.
- **Merismo** – Nessa figura de linguagem, enumera-se as partes de um todo (coisa ou ação) para indicar a totalidade. Exemplo: Lucas, 1: 71 (Silva, 2007).
- **Hipérbole** – Essa figura de linguagem é usada quando se deseja expressar uma ideia de forma exagerada (Garcia; Reis, 1998). Usa-se para realçar a violência e a agitação do lago em Marcos, 4: 35-41. Veja também, como exemplo, Gálatas, 1: 8.
- **Inclusão** – Há uma inclusão quando se repete uma mesma palavra ou expressão no início e no fim do texto. Exemplo: Mateus, 5: 3, 10 (Silva, 2007).
- **Questão retórica** – Nada mais é que uma pergunta cujo objetivo, na realidade, não é obter uma resposta, mas levar o interlocutor

a pensar e a concordar com o orador. Exemplos: Lucas, 13: 2, 4; Romanos, 9: 14; 19-21 (Silva, 2007).

- **Ironia** – Também conhecida como *antífrase*, exprime uma ideia por meio de seu contrário, ou seja, se diz o oposto do que realmente se pretende dizer (Garcia; Reis, 1998). Exemplo de ironia verbal consta em Mateus, 22: 16, e exemplo de ironia dramática, em Mateus, 19: 16-22.
- **Oxímoro** – Essa é uma associação de ideias contraditórias, cujo fim é enfatizar algo no texto. Exemplo: I Tessalonicenses, 1: 6 (Silva, 2007).
- **Paralelismo** – Semanticamente, a "afirmação da primeira parte do versículo é repetida de forma variada na segunda parte" (Rendtorff, 2009, p. 161). Em geral, são dois os membros do paralelismo, mas pode haver mais. Há três tipos de paralelismo: (1) sinonímico (quando as frases expressam algo equivalente – como em Lucas, 1: 46-47); (2) antitético (quando as frases expressam ideias antagônicas – como em I Coríntios, 1: 22); e (3) sintético (quando, entre as ideias expressas, há uma relação de causa-efeito ou quando a segunda frase dá maior precisão à primeira – como em I Coríntios, 1: 27-28).
- **Quiasmo** – Trata-se de uma característica típica do pensamento hebraico. Em geral, é uma estrutura fraseológica cruzada, do tipo a-b-b'-a'. Exemplo: Mateus, 6: 24 (Silva, 2007).
- **Aliteração** – Repetição da mesma letra ou sílaba, normalmente no início de duas ou mais palavras sucessivas. Exemplos: I Tessalonicenses, 1: 2; Hebreus, 1: 1 (Silva, 2007).
- **Elipse** – Omissão de um termo da oração sem que com isso haja prejuízo na ideia geral ou no sentido da oração (Garcia; Reis, 1998). Exemplos: Mateus, 25: 2, 9, 11; Lucas, 11: 33.

- **Epíteto** – Ocorre quando se qualifica alguém ou algo por meio de uma característica que já lhe é inerente. Exemplo: Lucas, 13: 32 (Silva, 2007).
- **Hipérbato** – Essa figura de linguagem faz uma inversão da estrutura frasal, ou seja, inverte a ordem direta dos termos da oração. A finalidade do hipérbato é trazer ênfase. Por exemplo, em João, 1: 1, se fôssemos traduzir na mesma ordem como as palavras aparecem no grego, a tradução ficaria do seguinte modo: "e Deus era o verbo" (Silva, 2007).
- **Anáfora** – Repetição de uma palavra ou frase no início de vários versos. Exemplo: II Coríntios, 11: 26 (Silva, 2007).
- **Comparação** – Semelhança estabelecida com o uso da palavra *como* em uma frase. Se a comparação é desenvolvida em uma descrição ou uma história, ela se torna uma parábola. Exemplo: Mateus, 23: 37 (Silva, 2007).
- **Metáfora** – Essa figura de linguagem consiste em dizer que uma coisa é outra porque existe certa semelhança entre elas (Garcia; Reis, 1998). Exemplo: João, 14: 6.
- **Antonomásia** – Substituição do nome de uma pessoa ou de uma coisa por uma característica pela qual se tornou famosa. Exemplo: Atos, 3: 14 (Silva, 2007).
- **Metonímia** – Substituição de um nome por outro, em virtude de haver entre eles alguma relação do tipo qualitativo: o objeto pela matéria, a obra pelo autor, o recipiente pelo conteúdo, a parte pelo todo, o gênero pela espécie etc. Exemplos: Mateus, 6: 11; 25: 21 (Silva, 2007).

4.4 Gêneros literários

Segundo Wegner (1998, p. 165),

> *quando nos comunicamos através da linguagem falada ou escrita, sempre utilizamos determinadas formas, mais ou menos fixas. Estas formas dependem, em grande parte, do momento e da situação em que são formuladas, da intenção com que são expressas, mas também das pessoas para as quais são dirigidas e da situação em que se encontram. Todos esses fatores reunidos conduzem a escolha de uma determinada forma de linguagem.*

O estudo das formas literárias combina a crítica dos gêneros literários com a investigação de sua história. A **crítica** dos gêneros literários investiga-os com base em determinados critérios. A **história** dos gêneros reflete a história destes no quadro da história do Oriente Médio, do Oriente Próximo e da Europa.

A forma de um texto é a soma de suas características de estilo, sintaxe e estrutura; isto é, sua configuração linguística. Querendo definir uma soma, já ordenamos essa forma de acordo com determinados princípios, de sorte que sobressaem as características dominantes. Sobretudo em comparação com as formas de outros textos, torna-se visível, então, quais os elementos formais característicos de um texto. Cada texto tem uma forma, podendo tê-la em comum com outros textos, parcial ou integralmente. Características estruturais são aquelas que resultam da relação das partes de um texto entre si.

Um gênero literário é um agrupamento de textos de acordo com diversas características comuns, isto é, não apenas as de natureza formal. Para constituir um gênero, essas características não se acumulam simplesmente, antes se relacionam entre si, obedecendo a determinada hierarquia. As características, pois, distinguem-se entre si por determinadas relações recíprocas. Para a definição de um gênero é decisivo concluir que elemento causa a mais forte impressão no leitor. (Berger, 1998, p. 13-14)

É bastante antigo o debate sobre os "gêneros literários 'em si' ou se são induzidos". No entanto, a literatura especializada afirma que os gêneros literários (formas) encontrados em *O Novo Testamento grego* receberam designações e características já no próprio texto. Os exemplos mais clássicos são: evangelho, parábola, epístola. De igual modo, na retórica da época, encontramos: "creias, apotegmas"; e na exegese moderna: "relato de conhecimento" (Berger, 1998, p. 14).

> *O elemento decisivo é que um gênero literário não apenas possui características literárias de diversos níveis, mas deixa também encaixar historicamente, por exemplo, numa situação típica ou num complexo típico de problemas, dentro da história do cristianismo primitivo. Os gêneros literários podem ser chamados também de "sistemas de convenções", pois se trata de convenções sociais que cumprem determinadas funções na história.* (Berger, 1998, p. 14)

A importância do estudo das formas literárias para a exegese decorre do fato de que, a partir do discernimento entre o que é consagrado e o que disso discorda circunstancialmente, é possível distinguir em que consiste o **aspecto particular** de determinado texto (Berger, 1998).

Portanto, fica bastante claro que as diversas características de um texto, por serem em geral muito numerosas, devem ser **avaliadas** e **comparadas** entre si. Isso faz com que evitemos uma supervalorização de passagens profundamente consagradas. De maneira geral, a avaliação correta e a combinação das diversas características é o principal proveito que o exegeta pode tirar do estudo da forma literária (gênero literário) para a compreensão de um texto específico (Berger, 1998). Isso permite procurar

> *a relação do texto com a **ação** e com a **realidade**. Isto significa que ajuda a descobrir os pontos em que um texto, além do nível puramente literário, aponta para o interesse especial de seus destinatários, tendendo a modificá-los, impressioná-los ou movê-los a uma decisão.* (Berger, 1998, p. 14, grifo nosso)

Com base nesse pressuposto, os estudiosos estabelecem os princípios básicos do método. Entre a lista de **critérios**, Berger (1998, p. 22-23) elenca alguns que apresentamos aqui de forma sucinta:

a) Qual pessoa gramatical é o sujeito? O sujeito dirige-se constantemente a outra pessoa gramatical?

b) O modo e o tempo do verbo – o imperativo pode ser indício do gênero "exortação"; o futuro do gênero "vaticínio" (predição).

c) A estrutura sintática e a relação das partes entre si.

d) O tipo da frase – características para o "gênero argumentação" e para certas parábolas são as perguntas retóricas (Quem entre vós? – por exemplo).

e) A estrutura interna de um texto, de acordo com os resultados da linguística.

f) A semântica – o papel da semântica para o estudo das formas tem sido subestimado ou, então, muito vagamente, ela é indicada como "conteúdo".

g) O tamanho – a relativa brevidade é o único critério seguro para o gênero *carta*.

h) A relação de um texto com o contexto literário – parábolas, comparações e exemplos só são reconhecíveis como tais por estarem situados em um nível de tempo e de pessoas diferente do nível do contexto.

Uma grande vantagem do estudo das formas é a determinação do "lugar vivencial" (*Sitz im Leben*). O estudo do lugar vivencial tem por objetivo descobrir em que situação e com que finalidade foram reproduzidos e transmitidos os ditos e as histórias a respeito do Cristo, de maneira que acabaram por adquirir as formas tais como as encontramos nas páginas de O Novo Testamento, caracterizadas pelos diversos gêneros literários. "Trata-se sempre de uma situação sociocomunitária típica e representativa dentro do cristianismo primitivo que deu às diversas histórias e ditos de Jesus o seu cunho formal característico" (Wegner, 1998, p. 171).

Desse modo, a "pergunta pela intencionalidade do texto pode ser abordada em estreita conexão com a análise das formas, uma vez que ela se encontra sempre intimamente relacionada com o respectivo gênero literário" (Wegner, 1998, p. 174).

De acordo com Wegner (1998), em geral, podemos distinguir as seguintes funções textuais:

- **Função expressiva (emotiva)** – Essa função visa dar vazão a sentimentos (exemplo: II Coríntios, 11; Filipenses, 3: 2).
- **Função diretiva (conativa)** – Essa função quer apelar ao destinatário (*peço-vos, exorto-vos* etc. em Romanos, 12: 1s, Gálatas, 4: 12 e outros).
- **Função referencial (informação)** – Tem por fim expor algum tema (exemplos: Romanos, 1-3; 6-7; Gálatas, 3-4).
- **Função poética** – Pretende ressaltar a forma linguística (exemplos: I Coríntios, 13; Romanos, 8: 31-39).
- **Função de contato** – Visa estar junto aos destinatários (exemplos: Romanos, 1: 10-13; 15: 22-24; Gálatas, 4: 20).

Essas e outras funções, em geral, estão atreladas a determinados gêneros literários, razão por que o conhecimento sobre esse assunto é de suma importância para o estudo da intencionalidade das narrativas e dos discursos encontrados no Novo Testamento (Wegner, 1998).

4.4.1 Evangelhos

Basicamente, os estudiosos no assunto propõem a seguinte divisão dos evangelhos: tradição da história e tradição da Palavra.

A tradição da história

É o material narrativo, no qual encontramos os feitos de Jesus.

a) **Relatos de milagres** – Esses relatos "provam a autoridade de Jesus como Messias e, mais ainda, manifestam a sua divindade. No livro de Atos, os milagres atestam que Jesus age por meio de seus discípulos" (Silva, 2007, p. 47). O Quadro a seguir apresenta um esquema de relato de milagre.

Quadro 4.1 – Estrutura e milagre

Evento	Marcos, 1: 23-27	Marcos, 4: 37-41
Introdução (descrição do ambiente e do encontro)	v. 23	v. 37
Maiores detalhes (o problema e os esforços para superá-lo)	–	–
A súplica do pedinte	v. 24	v. 38d-f
A intervenção de Jesus	v. 25	v. 39a-e
O efeito produzido	v. 26	v. 39f-g
A reação dos espectadores ou do curado	v. 27	v. 41

Fonte: Elaborado com base em Silva, 2007, p. 47.

Silva (2007, p. 47-48) divide os milagres de Jesus em quatro grupos: "curas (Marcos, 1: 29-31; 3: 1-6); exorcismos (Marcos, 1: 23-27; 5: 1-20); ressuscitações (Marcos, 5: 21-24; 5: 35-43) e milagres sobre a natureza (Marcos, 4: 37-41; Lucas, 5: 1-11; Jo 2: 1-11)".

b) **Relato de vocação** – esses relatos "descrevem o comportamento exemplar de um personagem que foi chamado a um compromisso mais profundo" (Silva, 2007, p. 48). Em geral, são narrativas breves, com uma finalidade paradigmática, ou seja, apresentar um modelo de comportamento a ser seguido (Marcos, 1: 16-18; 1: 19-20; 2: 14). Conforme o esquema de Silva (2007, p. 48), "O leitor é convidado a repetir as respostas afirmativas", que apresentamos no quadro a seguir.

Quadro 4.2 – Estrutura do relato de vocação

Evento	Marcos 1:16-18
Quem chama passa	v. 16
Quem chama vê	v. 16
O nome do futuro vocacionado	v. 16
Relações de parentesco	v. 16
O futuro vocacionado desenvolve sua atividade costumeira	v. 16
Dito (no imperativo) ou gesto vocacional	v. 17
Objeção e resposta	–
Despojamento	v. 18
Execução do apelo vocacional (seguimento)	v. 18

Fonte: Elaborado com base em Silva, 2007, p. 48.

c) **Relato de controvérsia** – "A controvérsia é um episódio no qual se enfrentam o protagonista e seus adversários: estes apresentam perguntas ardilosas para desacreditar o protagonista perante seus discípulos e a multidão" (Silva, 2007, p. 53). No quadro a seguir, apresentamos o esquema das controvérsias rabínicas utilizado pelos autores do Novo Testamento, conforme Silva (2007).

Quadro 4.3 – Estrutura do relato de controvérsia

Evento	Marcos 11:27-33	Marcos 12:13-17
A pergunta dos adversários	v. 28	v. 14
Uma contrapergunta de Jesus	vv. 29-30	v. 16
A (não) resposta dos adversários	v. 33a	v. 16
A contrarresposta (ou a não resposta) de Jesus	vv. 33b	v. 17

Fonte: Silva, 2009, p. 178.

Ainda de acordo com Silva (2007), "Alguns textos de controvérsias acabam se transformando em diálogo doutrinal: o puro e o impuro (Marcos, 7: 1-23), o divórcio (Marcos, 10: 2-12)".

Relacionamos aqui apenas alguns relatos que compõem a tradição da história. É possível consultar os manuais de crítica da forma para aprofundar o tema.

A tradição da palavra

No grupo da tradição da palavra, encontramos as frases e os ditos de Jesus: é o material discursivo. Seguindo a orientação de Silva (2009, p. 208), os principais materiais discursivos são: **comparações, parábolas e alegorias**: "Os evangelistas usam o termo 'parábola' para designar as várias histórias que Jesus contava ou as comparações que ele fazia. Mas, precisamos estar atentos: um exame rigoroso revela que estamos diante de vários tipos de discurso".

Wegner (1998, p. 205, grifo nosso) afirma que:

> *comparações ou símiles compreendem metáforas com uso de conectivos. Nestes casos, a comparação é realizada através de partículas comparativas, a exemplo de "como", "tal como", "tal qual", "semelhante a" e "da mesma maneira que". Ao contrário das metáforas, os símiles são comparações* **explícitas** *de dois elementos.* (Lucas 8:16; Mateus 13:3-9)

Segundo Wegner (1998, p. 206), *parábolas* designam "um grupo de narrativas que a pesquisa diferencia como parábolas propriamente ditas, narrativas parabólicas, narrativas de exemplos, alegorias e ditos proféticos".

As **parábolas propriamente ditas** podem ser definidas como *metáforas* ou *comparações ampliadas*, isto é, complementadas com detalhes da vida cotidiana e narradas em forma de histórias. As parábolas são formuladas com os tempos verbais no passado, e suas histórias costumam tematizar aspectos típicos, corriqueiros e conhecidos por todos. Têm, em geral, um único ponto central de comparação (Wegner, 1998).

Exemplos de parábolas podem ser encontradas em: Marcos, 4: 26-29; 4: 30-32; 13: 28-29; Lucas, 7: 31-35; 12: 39-49; 15: 8-10; Mateus, 11: 16; 24: 45-51 (Wegner, 1998).

As **narrativas parabólicas**, a seu turno, não narram circunstâncias ou ocorrências regulares; narram casos peculiares interessantes. Elas não apresentam fórmulas introdutórias, tampouco termos de comparação. Portanto, elas não expressam a que deve ser comparada a narrativa em foco, mas apresentam o conteúdo a ser comparado diretamente em forma de narrativa (Wegner, 1998).

Exemplos de narrativas parabólicas podem ser encontrados Marcos, 4: 3-9; Mateus, 18: 23-35; 25: 14-30; Lucas, 7: 41-43; 18: 1-5.

De acordo com Wegner (1998), o Novo Testamento ainda apresenta as **narrativas de exemplos**, que apresentam, formalmente, uma estrutura muito semelhante à das parábolas. Contudo, não podem ser classificadas como parábolas ou narrativas parabólicas por não apresentarem termo de comparação. Sua característica é que propõem um caso exemplar em roupagem histórica, na qual uma conduta é destacada positiva ou negativamente. São conhecidas como *narrativas de exemplos* porque sugerem exemplos daquilo que o ouvinte ou o leitor deve ou não deve fazer. Exemplos podem ser encontrados em Lucas, 10: 30-37; 12: 16-21; 14: 7-11.

Em relação à **alegoria**, Wegner (1998) afirma que estas são narrativas que, ao contrário das parábolas, não têm unicamente um ponto central de comparação, mas uma sucessão de comparações ou metáforas, e cada uma delas tem um significado próprio e específico. As alegorias compreendem histórias com vários detalhes, tendo cada um deles um significado próprio e diferente dos demais. O exemplo mais conhecido de alegoria no Novo Testamento está em Marcos, 4: 3-9.

Por fim, destacamos os **ditos proféticos**. Jesus falava muito da proximidade do Reino de Deus, da necessidade de se arrepender e da promessa da salvação (Marcos, 1: 15; 12: 38-40). Segundo Silva (2009, p. 210), "A novidade em relação ao Antigo Testamento, é que, enquanto os profetas anunciavam a restauração do reino de Israel, Jesus anuncia e inaugura a salvação escatológica e o Reino de Deus". Podemos incluir aqui o discurso escatológico de Marcos, 13 e várias declarações solenes iniciadas com a fórmula "amém, em verdade" (Marcos, 3: 28-29; 9: 1-41; 10 :15, 29-30).

Gêneros menores, formas e fórmulas encontradas fora dos evangelhos

Nas epístolas, que são gêneros literários maiores, encontramos diversos tipos de materiais, como a tradição litúrgica e os textos parenéticos.

- **Material litúrgico** – A origem cristã era fortemente marcada pelo tom celebrativo. No período formativo da Igreja, é possível encontrar hinos, confissões de fé e material parenético (Silva, 2009).

- **Hinos ou cânticos cultuais** – Exceto o texto de Romanos, 11: 33-36, dedicado a Deus, todos os hinos do Novo Testamento são cristológicos (Filipenses, 2: 6-11; Colossenses, 1: 15-30; I Timóteo, 3: 16; I Pedro, 2: 21-24). Em geral, esses hinos seguem as seguintes características: uso da terceira pessoa para descrever a atuação do Redentor, presença de orações que se iniciam com o pronome relativo, palavras sem artigo, construção antitética. Os hinos do Novo Testamento descrevem o caminho redentor que Jesus percorreu e que o conduziu à exaltação (Silva, 2009).

- **Confissão de fé** – Na Igreja primitiva, a celebração do batismo e da Ceia do Senhor requeria a profissão de fé. Trata-se de uma formulação breve e expressiva daquilo que a comunidade crê (I Coríntios, 15: 3-5; Romanos, 1: 3-4). Os textos desse gênero não apresentam um estilo laudativo nem uma estrutura em forma de cântico. Admite-se que, em I Pedro, 1: 18-21 e 3: 18-22, são encontrados elementos provenientes de antigas confissões de fé (Silva, 2009).

- **Materiais parenéticos** – Esse tipo de material é de origem mais judaica e helenística. O cristianismo nascente teve necessidade de enraizar-se no cotidiano concreto, o que suscitou não poucos problemas para os missionários do evangelho, pois, para a maioria das situações, não havia "um preceito do Senhor" como em I Coríntios, 7: 25. A comunidade assumia os costumes então vigentes e a estes imprimia um espírito cristão. O material parenético forma os catálogos de vícios e de virtudes, de moral familiar e de deveres (Silva, 2009).

- **Catálogo de vícios e virtudes** – Geralmente, os textos desse tipo apresentam um elenco de atitudes dignas (virtudes) ou reprováveis (vícios). Exemplos de passagens que apresentam vícios: Romanos, 1: 29-31; I Coríntios, 5: 10-11; Gálatas, 5: 19-21. Exemplos de passagens que apresentam virtudes: Gálatas, 5: 22-23; Filipenses, 4: 8-9; Colossenses, 3: 12-14; II Pedro, 1: 5-7 (Silva, 2009).
- **Moral familiar** – Esses textos opinam sobre a ordem doméstica e o comportamento da família cristã diante do mundo que a rodeia. Em geral, "são respostas circunstanciais a problemas concretos e situados. Em alguns casos apenas segue-se a moral judeu-helenista, ou mesmo a estoica. Mais que uma legitimação das atitudes propostas, o que temos é uma motivação para assumi-las" (Silva, 2009, p. 212). Exemplos de passagens que destacam a moral familiar: Efésios, 5: 22-6: 9; Colossenses, 3: 18; 4: 1; I Pedro, 2: 18-3: 12.
- **Catálogo de deveres** – Os textos assim classificados estão presentes apenas nas epístolas pastorais e são estreitamente relacionadas à moral familiar. Contudo, tais determinações podem muito bem ser aplicadas a qualquer chefe de família cristão.

No que diz respeito aos catálogos de vícios e virtudes, listas semelhantes eram conhecidas e difundidas no judaísmo palestinense (*Qumran*[2]), no mundo helênico (filosofia popular cínico-estoica, retóricos etc.) e em sinagogas da diáspora. Por essa razão, nem sempre é fácil determinar se os escritores cristãos dependem dessas tradições ou se formulam seus catálogos de maneira autônoma. "Da mesma forma é difícil saber em que medida a relação de vícios ou virtudes é feita com vistas à situação concreta de cada comunidade. Formalmente, os catálogos se caracterizam por uma listagem solta de conceitos sem sequência firme, sistemática ou estruturação lógica" (Wegner, 1998, p. 217).

Atividades de autoavaliação

1. Assinale a alternativa que define corretamente *gênero literário*, conforme Berger (1998):
   a) É um agrupamento de textos de acordo com diversas características comuns, isto é, não apenas as de natureza formal.
   b) É um texto que apresenta uma característica única.
   c) É uma forma exclusiva de escrever ou de contar uma história em uma narrativa bíblica.
   d) É aquilo que encontramos na poesia bíblica.

---

2   Região onde foram encontrados manuscritos no século XX.

2. Sobre a tradição da história, indique V (verdadeiro) para os relatos que a ela se referem e F (falso) para os que não correspondem a essa tradição.
( ) Relatos de milagres.
( ) Relatos de vocação.
( ) Relatos de parábolas.
( ) Relatos de controvérsia.

Assinale a alternativa que corresponde à sequência correta:

a) V, V, V, F.
b) V, V, F, V.
c) V, F, F, F.
d) F, V, F, V.

3. Sobre a tradição da palavra, indique V (verdadeiro) para os itens que a ela pertencem e F (falso) para os que não correspondem a essa tradição.
( ) Relatos de controvérsia.
( ) Parábolas.
( ) Narrativas parabólicas.
( ) Alegoria.

Assinale a alternativa que corresponde à sequência correta:

a) V, F, F, F.
b) F, V, V, F.
c) F, V, V, V.
d) V, F, V, F.

4. Assinale a alternativa que define corretamente *material litúrgico*:
   a) Em geral, esses hinos seguem as seguintes características: uso da terceira pessoa para descrever a atuação do Redentor, presença de orações que se iniciam com o pronome relativo, palavras sem artigo, construção antitética.
   b) Na Igreja primitiva, a celebração do batismo e da Ceia do Senhor requeria a profissão de fé. Trata-se de uma formulação breve e expressiva daquilo que a comunidade crê.
   c) Esse tipo de material é de origem mais judaica e helenística. O cristianismo nascente teve necessidade de enraizar-se no cotidiano concreto, o que suscitou não poucos problemas para os missionários do evangelho, pois, para a maioria das situações, não havia "um preceito do Senhor" como em I Coríntios, 7: 25.
   d) A origem cristã era fortemente marcada pelo tom celebrativo. No período formativo da Igreja, é possível encontrar hinos, confissões de fé e material parenético.

5. Assinale a alternativa que define corretamente *material parenético*:
   a) Em geral, esses hinos seguem as seguintes características: uso da terceira pessoa para descrever a atuação do Redentor, presença de orações que se iniciam com o pronome relativo, palavras sem artigo, construção antitética.
   b) Na Igreja primitiva, a celebração do batismo e da Ceia do Senhor requeria a profissão de fé. Trata-se de uma formulação breve e expressiva daquilo que a comunidade crê.

c) Esse tipo de material é de origem mais judaica e helenística. O cristianismo nascente teve necessidade de enraizar-se no cotidiano concreto, o que suscitou não poucos problemas para os missionários do evangelho, pois, para a maioria das situações, não havia "um preceito do Senhor" como em I Coríntios, 7: 25.

d) A origem cristã era fortemente marcada pelo tom celebrativo. No período formativo da Igreja, é possível encontrar hinos, confissões de fé e material parenético.

Atividades de aprendizagem

Questões para reflexão

1. Amplie seus conhecimentos sobre os gêneros literários acessando o *link* a seguir. Faça um apontamento dos diversos gêneros encontrados e relacione aqueles que não mencionamos aqui.
TEOLOGIA PASTORAL SJRP. **Os gêneros literários da Bíblia.** Disponível em: <https://teologiapastoralsjrp.wordpress.com/2012/06/06/os-generos-literarios-da-biblia>. Acesso em: 12 abr. 2018.

2. Identique qual(is) o(s) gênero(s) literário(s) de sua perícope de estudo. Justifique.

Atividade aplicada: prática

1. Procure reconhecer o gênero literário de cada um dos textos a seguir. Nem todos precisam, necessariamente, se encaixar em um gênero literário. Alguns desses textos nem mesmo pertencem aos gêneros que acabamos de arrolar. Mesmo assim, é importante praticar.
   a) Mateus, 11: 20-24.
   b) Mateus, 26: 6-13.
   c) Lucas, 6: 1-11.
   d) Lucas, 6: 20-26.
   e) Romanos, 11: 16-24.
   f) I Coríntios, 11: 23-25.
   g) Apocalipse, 3: 1-6.

capítulo cinco

História das tradições e análise lexical

05

Considerando todos os tipos de análises que executamos até aqui, podemos dizer que você já tem uma boa familiaridade com o texto bíblico escolhido para estudo: Filipenses, 2: 5-11. Aquilo que teve início com "aproximações", deu ensejo a uma melhor ambientação com a perícope estudada e, agora, enfocaremos o texto de Filipenses. Para tanto, são necessários alguns exemplos de outros textos, com o fim de conhecer essa nova etapa. Dessa forma, podemos dar continuidade e procurar um aprofundamento ainda maior nessa "porção bíblica" que elegemos para nosso estudo.

Nesta parte de nossa análise, incluiremos a problemática das "tradições" e a "análise lexical". Entendemos que este último tema pode enriquecer bastante nossos estudos. Alguns poderiam preferir a realização da análise lexical antes da crítica da tradição – e, realmente, esta pode produzir resultados significativos. Contudo, uma vez que nem sempre podemos identificar as tradições, mas sempre podemos analisar uma perícope lexicalmente, a abordagem desta última ficará em segundo lugar, de modo que você se lembre de que pode realizá-la independentemente da análise das tradições.

5.1 Crítica da tradição

Aqui também há certa divergência na discussão erudita. Alguns estudiosos, como Schnelle (2004) e Wegner (1998), chamam de *crítica da tradição*, e outros, como Correia Junior (2006) e Mainville (1999), denominam *história da tradição*. Nomeamos o capítulo com o termo *história*, e a primeira seção com *crítica*, a fim de familiarizá-lo com as duas nomenclaturas.

Para Silva (2009, p. 242), essa é, na verdade, mais uma daquelas

> discussões entre exegetas a respeito de distinções, definições e objetivos. Alguns estudiosos diferenciam entre História/Crítica da Tradição: estudo das tradições orais e dos estágios da composição de um texto; História/Crítica das Tradições ou da Transmissão do Texto: estudo de sua pré-história oral e, por fim, a História/Crítica dos Motivos Literários: estudo dos elementos tradicionais que circulam livremente, sem ligar-se a um grupo específico de pessoas.

Para outros, contudo, conclui Silva (2009), isso não passa das várias etapas de um único método: a história/crítica da tradição.[1]

Para os objetivos aqui propostos não vem ao caso entrar nesse debate apontado por Silva (2009); o que informamos serve apenas

---

[1] A literatura técnica utiliza-se dos seguintes termos alemães, respectivamente: *Traditionsgeschichte* (história/crítica da tradição), *Überlieferungsgeschichte* (história/crítica das tradições ou da transmissão do texto) e *Motivgeschichte* (história/crítica dos motivos literários) (Silva, 2009).

para que você fique atento às diversas discussões que existem a esse respeito. Mais adequado do que a utilização dos termos técnicos é a real identificação do substrato cultural de determinado texto.

Para a prática da exegese bíblica – em nosso caso, do Novo Testamento –, bom seria lembrarmos que os textos, em geral, apresentam três estágios, ou momentos, que, uma vez identificados, podem ajudar a uma atitude de discernimento. Segundo Marconcini (2012), esses estágios são: (1) momento histórico; (2) momento da tradição; (3) momento redacional. Contudo, o mesmo autor alerta para o perigo de se pensar que seja necessário reconhecer em cada texto cada um desses momentos. De forma alguma! Eles servem para auxiliar na compreensão um tanto mais acurada, mas, em alguns textos, pode não existir uma "pré-história"; em outros, ela simplesmente não pode ser identificada.

Na seção a seguir, exploramos com um pouco mais de detalhes cada um desses momentos.

5.1.1 Momento histórico

O momento histórico refere-se a quando Jesus fez ou disse algo de fato. Para essa delimitação, o intérprete precisa coletar os dados histórico-geográficos e político-religiosos que o auxiliarão na compreensão quanto ao clima e ao ambiente dos anos 30 d.C., quando o material evangélico teve início com a pregação de Jesus. Desse modo, o exegeta poderá remontar a certos conhecimentos, como o

> meio sociopolítico e religioso de Jesus, as grandes linhas de seu ministério (a começar com o entusiasmo inicial até chegar às incompreensões, ao processo, à morte) e os grandes acontecimentos: batismo, tentações, transfiguração, milagres, exorcismos, o confronto com os fariseus,

a traição de Judas, a vocação e a missão dos apóstolos, os acontecimentos do mistério pascal. (Marconcini, 2012, p. 53)

Se conseguir detectar essa primeira fase em determinado texto, o intérprete chegará ao momento mais próximo em que o episódio de fato ocorreu.

5.1.2 Momento da tradição

A comunidade de seguidores de Jesus, que permaneceu fiel a seus ensinamentos após o evento da Páscoa e da ressurreição, recebeu o mandato de fazer discípulos e batizar a todos os povos (Mateus, 28: 19-20)[2]. A vida e a atividade dessa comunidade em expansão consituem

> *o lugar do surgimento e do desenvolvimento dos evangelhos, o seu Sitz im Leben que procuramos reconstituir em quatro passagens. A primeira, descritiva, apresenta o modo de agir do grupo; a segunda, valorativa, faz uma reflexão sobre as atitudes e as convicções de uma comunidade capaz de manter-se fiel a Jesus; a terceira passagem é retrospectiva. Faz ver a existência de uma gradual "releitura" da vida terrena, enquanto a quarta passagem, conservativa, condensa a fixa a vida de Jesus e da Igreja em um ou vários escritos que constituem a base dos nossos sinóticos.* (Marconcini, 2012, p. 56)

Observe que se trata de uma compreensão de que as comunidades primeiro conservaram e repassaram os ensinamentos de Jesus por um longo período antes que estes pudessem tomar a forma de textos escritos. Na verdade, uma leitura atenta nos próprios

---

2   Todas as indicações bíblicas apontadas neste capítulo foram consultadas em Bíblia (1995).

evangelhos, assim como no livro de Atos, demonstra que mesmo os apóstolos de Cristo não tiveram um entendimento correto do significado da vida e do ministério do Messias – Jesus (Marconcini, 2012).

A revelação de toda a verdade, conforme Marconcini (2012), aconteceu de forma gradativa aos apóstolos:

- Eles vivenciaram e testemunharam tudo aquilo que Jesus fez e disse durante seu ministério.
- Eles testemunharam sua ressurreição e assumiram o mandato de dar continuidade a tudo aquilo que Ele ensinou e fez (Atos, 1: 1).
- Durante o exercício do ministério, aos poucos, o Espírito Santo foi dando forma à maturidade espiritual e teológica de cada um dos apóstolos antes que qualquer um deles colocasse por escrito a primeira narrativa a respeito de Jesus.
- Eles selecionaram e organizaram os relatos cada um "segundo a sua ordem", para dar a forma definitiva aos relatos evangélicos (Lucas, 1: 1-4).

É exatamente o estudo dos textos bíblicos que ajudará o intérprete a esclarecer que há uma **interdependência** entre os evangelhos sinóticos – com certa prioridade por parte de Marcos –, demonstrando que eles não foram escritos em série, como se Mateus, Marcos, Lucas e até mesmo João tivessem partido do nada; esses mesmos comparativos confirmam a existência de um escrito palestino (alguns críticos afirmam que seja o Mateus aramaico de que fala a tradição) antes de Mateus, considerado necessário para explicar muitos trechos desse evangelho (Marconcini, 2012).

5.1.3 Momento redacional

Esta é a última fase da formação do evangelho e diz respeito ao trabalho do evangelista:

> Os evangelistas fazem parte de uma comunidade, para a qual se propõe escrever e pela qual desempenham um papel de "servidores da Palavra". Por isso, mais que da identidade do autor (Mateus, Marcos, Lucas) sobre a qual se fundamentava tanto a apostolicidade dos escritos como a veracidade dos conteúdos, procura-se agora privilegiar a identidade do escrito. (Marconcini, 2012, p. 70)

Este último passo, o momento redacional, na verdade faz parte de outra fase da exegese[3]. Aqui, basta compreender como ocorreu o processo de transmissão e fixação da tradição em textos escritos.

Nas seções a seguir, abordamos a crítica da tradição propriamente dita.

5.2 Critérios básicos

Os critérios básicos aqui analisados são aqueles sugeridos por Croatto e Krüger, citados por Wegner (1998, p. 245), que defendem que a crítica das tradições é um dos passos mais difíceis da exegese e persegue um tríplice objetivo:

---

[3] Trata-se do momento final em que o autor, João, Mateus, Lucas ou Marcos, redige o texto de um evangelho tal como o temos hoje em dia. De igual modo, quando um autor como Paulo, por exemplo, utiliza-se de material hínico (Filipenses 2: 5-11) e o insere no meio de uma de suas epístolas, a isso se dá o nome de *momento da redação*. Ao trabalho da exegese que cuida dessa análise damos o nome de *crítica da redação*.

1. *Analisar o conjunto de imagens, conceitos, ideias, símbolos, motivos e representações tradicionais existentes dentro de um texto e aclarar sua origem e evolução no AT [Antigo Testamento], judaísmo contemporâneo a Jesus ou helenismo.*
2. *Associar tais símbolos, conceitos e motivos com os eventuais grupos ou classes a partir dos quais se originaram, como, p. ex.: sacerdotes, levitas, apocalípticos, profetas, pobres, ricos, realeza ou nobreza, população urbana, população rural, fariseus, saduceus etc.*
3. *Perceber em que sentido essas tradições são incorporadas ao texto a ser analisado, ou seja, se o texto simplesmente as assimila em seu sentido corrente ou se as usa em algum sentido diferente e inovador.*

Dessa forma, o vocábulo *tradição* aqui designa motivos e ideias avulsas, vinculados muitas vezes a um único termo ou expressão em um texto. Em vista disso, podemos compreender por que a crítica da tradição se trata de um dos passos mais difíceis da exegese do Novo Testamento. Na opinião de Wegner (1998), as dificuldades residem na falta de conhecimento prévio que temos do significado que vários símbolos ou representações usados no texto poderiam assumir na época, no momento mesmo em que ocorreu dado fato. De igual forma, a crítica da tradição exige um bom conhecimento não só de grupos e instituições do Antigo Testamento, do judaísmo e do helenismo, mas também de sua história e literatura.

No entanto, isso não deve assustar o principiante, pois há à disposição diversas ferramentas e subsídios que ajudam amplamente o intérprete na realização dessa tarefa. Entre os principais subsídios, Wegner (1998, p. 245-246) destaca os seguintes:

- *Observações sobre referências a textos paralelos nas modernas edições da Bíblia, assinalados ora nas margens externas, ora em notas de rodapé.*

- Emprego de concordâncias bíblicas que possibilitam ver em que outros lugares da Bíblia foi feito uso das mesmas ideias ou representações.
- Estudo do campo semântico das tradições. Campos semânticos estudam as associações feitas a uma palavra em diferentes contextos. Seu objetivo é procurar constatar quais termos encontram-se associados a outros e em que passagens. Estes estudos permitem detectar com relativa segurança em que sentido eram interpretadas ou avaliadas as tradições que se pretende analisar.
- Consulta a dicionários bíblicos. Muitos deles analisam os termos ou expressões segundo o seu emprego no AT, no judaísmo e no helenismo, facilitando dessa forma o seu melhor enquadramento e vinculação com épocas e grupos determinados.

Observe que, hoje, o número de recursos disponíveis para o estudioso da exegese bíblica é bastante diversificado; cada um deles tem sua utilidade e, quanto mais o exegeta tiver acesso a tais recursos, melhor será o trabalho nessa tarefa tão fascinante e apaixonante que é o estudo da Bíblia.

5.2.1 Lugares (*topoi*)

Com o intuito de empreender nossa explanação de alguns exemplos bíblicos do estudo da tradição, optamos aqui pelo uso dos chamados *tópoi*, termo que vem do grego *tópos* (lugar)[4] e tem sido utilizado

---

4 "O termo 'lugar' aqui utilizado lembra a categorização de Aristóteles. O filósofo dizia que 'para recordar-se das coisas, basta recordar-se dos lugares nos quais elas se encontram (o lugar é, portanto, um elemento de associação de ideias, de condicionamento, de um adestramento, de uma mnemotécnica); os lugares não são, portanto, os argumentos em si, mas os compartimentos nos quais são dispostos" (Barthes, 1985, citado por Silva, 2009, p. 243).

pelos teóricos da literatura "para designar um conceito geral que serve como articulação de determinado argumento ou de uma dada história", o que significa dizer que "uma tradição cultural ou literária que acaba se tornando de domínio comum e convencional gera vários episódios ou reflexões" (Silva, 2009, p. 244). Todos os *tópoi* arrolados a seguir são tomados de Silva (2009).

Motivo

O motivo é uma situação típica que coloca em movimento, ou seja, impulsiona diversos episódios semelhantes, cada qual de diferente modo (Silva, 2009). Exemplos:

1. Os irmãos-inimigos:
    a) Abel e Caim (Gênesis, 4: 1-16).
    b) Jacó e Esaú (Gênesis, 27: 1-28).
2. O justo sofredor:
    a) Jó.
    b) Jeremias (Jeremias, 26-28; 36-45).
    c) Jesus (Marcos, 14: 43, 15:41).
3. A mulher estéril curada. Esse motivo também pode ser lembrado em Maria, a virgem que se torna a mãe de Jesus (Silva, 2009):
    a) Sara (Gênesis, 21: 1-17).
    b) A mãe de Sansão (Juízes, 13: 2-24).
    c) Isabel (Lucas, 1: 5-25; 1: 39-45; 1: 57-66).

Como podemos observar, a linguagem bíblica é rica em **metáforas**. O conhecimento de cada uma delas, além de auxiliar na compreensão do significado de dada passagem – como na questão dos gêneros literários –, pode contribuir significativamente na descoberta do surgimento e da evolução de determinada tradição (Silva, 2009).

Imagem

A imagem é um elemento utilizado como símbolo, cujo objetivo é evocar outra realidade, outros sentimentos ou outras experiências. Um livro bíblico bastante rico em imagens é o livro dos Salmos. Apesar de o nosso foco ser a exegese do Novo Testamento, vale a pena inserir aqui alguns exemplos tirados dos Salmos, afinal, as escrituras judaicas são a base dos textos cristãos (Silva, 2009). Vejam-se alguns casos de uso de imagens:

1. Para falar de Deus como herói transcendente:
   a) Hilemorfas (tiradas do mundo natural) – rocha (Salmos, 18: 3; 31: 3).
   b) Bélicas – escudo (Salmos, 18: 3; 144: 2); guerreiro (Salmos, 35: 2-3).
2. Para falar de si mesmo e de seu estado de ânimo, o salmista faz uso de:
   a) Zoomorfismos – animais em geral (Salmos, 18: 34; 42: 2).
   b) Teriomorfismos – feras (Salmos, 73: 22).
   c) Hilemorfismos – vegetais, óleo, sangue (Salmos, 1: 3; 92: 13-15: 133: 2; 58: 11).
3. Os evangelhos também utilizam um grande número de imagens (Silva, 2009):
   a) Jesus como noivo (Marcos, 2: 19).
   b) A novidade de Jesus como vinho (Marcos, 2: 22).
   c) Isabel (Lucas, 1: 5-25; 1: 39-45; 1: 57-66). Esse motivo também pode ser lembrado em Maria, a virgem que se tornou a mãe de Jesus.

As lições encontradas nesses textos-motivos demonstram que aquilo que é um problema para o homem é facilmente superável para Deus (Silva, 2009).

Tema e tese

Aqui, na verdade, temos dois *tópoi*. Eles serão tratados em conjunto com o intuito de distinguirmos de forma clara cada um deles. Isso se deve à realidade de que ambos são conceitos abstratos – ideias, pensamentos, doutrinas – propostos em determinado texto, seja narrativo, seja poético ou mesmo argumentativo, que "exercem o poder de unificar elementos que de princípio são distintos e descontínuos", todavia, o tema "não carrega no bojo de seus significados as respostas, na verdade, o tema levanta questões" (Silva, 2009, p. 245). A seu turno, a tese, em vez de problematizar, sugere respostas. Dito de outra maneira: "o tema exige uma reflexão da parte do estudioso, a tese pede para ser aceita. Mesmo assim, tanto o tema quanto a tese aparecem juntos" (Silva, 2009, p. 245). Um exemplo bastante comum tirado do Novo Testamento encontra-se em Hebreus. Lá "o tema é o sacerdócio de Cristo e a tese é a superioridade desse sacerdócio em relação ao sacerdócio da Antiga Aliança" (Silva, 2009, p. 245).

Concepção

Esse elemento dos *tópoi* se refere a um termo ou uma frase que condensa determinado significado já consolidado pelo uso e aceito pelo tempo. "É importante destacar que a concepção por diversas vezes é confundida com o tema" (Silva, 2009, p. 245). Contudo, "enquanto o tema faz uso de argumentos e situações existenciais, a concepção utiliza-se de imagens". O exemplo mais comum é o templo como casa da Divindade encontrado em Marcos, 11: 17, e João, 2: 16; "lembre-se de que esta concepção já aparece no Antigo Testamento" em textos como Jeremias, 7: 1-15, e Isaías, 56: 7 (Silva, 2009, p. 245).

Esquema tradicional

Determinada estrutura de pensamento mais ou menos abstrata, que exprime determinadas convicções do autor e funciona como pano de fundo para o texto, em geral, é conhecida como *esquema tradicional* (Silva, 2009). Seguem dois exemplos segundo Silva (2009):

1. Os dois caminhos (Mateus, 7: 13-14; Lucas, 13: 24).
2. O princípio da retribuição (João, 9: 1-2).

Aqui, podemos observar que os esquemas tradicionais, muitas vezes, dão origem a diversas teologias.

Fórmula fixa e vocabulário consolidado

Por fim, encontramos os *tópoi* fórmula fixa e vocabulário consolidado, os quais se constituem em frases que surgiram para responder às necessidades de um grupo e que, posteriormente, passaram a ser usadas com frequência. Esse uso contínuo acaba fazendo com que o significado original seja perdido ou deslocado. É importante observar, contudo, que tais frases não são utilizadas isoladamente, mas em contextos que, de alguma maneira, são análogos àqueles em que surgiram.

A fórmula de ressuscitamento é o exemplo mais comum: "Deus ressuscitou Jesus dentre os mortos" (Romanos, 10: 9; I Coríntios, 6: 14; 15: 15; I Tessalonicenses, 1: 9-10) (Silva, 2009, p. 246).

Todas as passagens que indicamos nos auxiliam na identificação de dada tradição. Ressaltamos, porém, que nem sempre o intérprete conseguirá descobrir ou identificar uma tradição por trás do texto escolhido para a exegese. Contudo, quando puder identificá-la, o estudo pode ser bastante enriquecido, conduzindo-o a uma compreensão da história do surgimento, do desenvolvimento e da cristalização de diversas tradições.

Schnelle (2004, p. 115) utiliza-se ainda de outra designação para a "história das tradições"; ele prefere chamar de "história dos conceitos e motivos". Observe que essa designação, na verdade, vai diretamente ao ponto central dos estudos das "tradições". Contudo, a designação mais aceita nos círculos exegéticos tem sido aquela que já destacamos anteriormente, ou seja, história da tradição.

Mesmo assim, Schnelle (2004, p. 115) oferece uma **definição** e algumas **metas** que auxiliam o intérprete grandemente na tarefa da compreensão e da realização desse passo exegético:

> A história dos conceitos e motivos pergunta pela origem, pela história, pelo significado e pela aplicação dos conceitos e motivos que ocorrem no texto. Por meio da comparação com textos literariamente independentes, visa-se evidenciar as correlações histórico-teológicas e intelectuais.
>
> Um motivo é uma palavra, uma figura, uma metáfora ou um tema com significado fixo, aos quais o autor pode recorrer para expressar determinada realidade.
>
> A análise dos conceitos tem por objetivo elaborar tanto o conteúdo significante estabelecido para um conceito como seu uso concreto no contexto. Em decorrência, a observação diacrônica e sincrônica se complementam na análise de conceitos.

Perceba que essa definição auxilia muito o intérprete a compreender a tarefa que deve realizar.

5.3 Recursos

Por fim, seguindo a orientação de Wegner (1998), elencamos alguns exemplos utilizados para a identificação de tradições recorrendo simplesmente a textos paralelos apontados pelas Bíblias e por Concordâncias como a de Gilmer, Jacobs e Vilela (2006). Uma rápida análise desses dois recursos permite identificar o emprego das seguintes tradições:

- **Nova aliança:** É empregada no texto de 1 Co 11.25 sobre a Santa Ceia e encontra-se atestada em Jr 31;31-34.
- **Novo céu e nova terra:** Usada em 2 Pe 3:13 e Ap 21.1; provém do AT (Is 65.1; 66.22).
- **Sofrer é uma graça de Deus:** Esta ideia é uma tradição corrente dentro do cristianismo primitivo: Mt 5.10; Tg 1.2; 1 Pe 2.20; 3.14,17; 4.13s e pode ser detectada pela análise do campo semântico do verbo "sofrer".
- **Pedra angular e/ou de tropeço:** Esta tradição de 1 Pe 2.8 (cf. também Mc 12.10par.; Rm 9.32s; At 4.11) provém do AT: Sl 118.22 e Is 8.14.
- A escolha de **doze** discípulos: É flagrante que Jesus não escolheu os servos discípulos em número de doze por mero acaso. Ele estava, isto sim, aludindo às doze tribos de Israel.
- Jesus declara ser o **bom pastor** (Jo 10.11,14). Com isso ele alude a uma tradição difundida no AT, segundo a qual Javé é concebido como o bom pastor do rebanho, que é seu povo, Israel (Cf. Jr 23.1-4; Ez 34; 37.15ss; Zc 11; 13.7 e os Sl 23 e 90).
- A comunidade como representando a **noiva** de Cristo é uma ideia expressa em textos como 2 Co 11.2; Ef 5.23,32 e Ap 19.7; 21.2,9. Essa ideia tem raízes já no AT, em que Israel é apresentado como noiva ou esposa de Javé (cf. p. ex., Os 1-3; Jr 2.7; Ez 16.8).
- O confronto com a revelação de Deus **desfaz o velho e traz à luz coisas novas.** Esta ideia, expressa por Paulo em 2 Co 5.17, é de tradição anterior a ele, pois encontra-se testemunhada também no AT (cf., p. ex., Is 43.18-19).
- Em Hb 3-4 é tematizada a ideia da entrada da comunidade "no **repouso** de Deus" (cf. 3.11, 18; 4.1,3,5,10s). Esta ideia tem uma história traditiva muito rica, pois o AT a emprega em diversos sentidos (cf. passagens como Gn 2.2; Êx 20.22; Js 1.13,15; 21.44; Dt 3.20; 5.53; 12.10 [...]). (Wegner, 1998, p. 246-247, grifo do original)

Como tudo, a perfeição vem com a prática. Se o exegeta ainda não estiver familiarizado com o texto da Bíblia como um todo, certamente terá dificuldades na realização da crítica da tradição. Todavia, a constante exposição ao texto sagrado certamente o conduzirá à facilidade na identificação das tradições. O uso de concordâncias, chaves bíblicas e dicionários bíblico-teológicos também podem ser de grande auxílio ao exegeta.

Com tudo o que vimos até este ponto, fica fácil perceber como a história da tradição propicia uma visão mais clara da redação do povo bíblico com sua história, e do dinamismo vital que presidiu a formação dos textos. Uma comunidade herda uma tradição sagrada, oral ou escrita, que interpreta e modifica à luz da própria situação, para, em seguida, transmiti-la às gerações seguintes (Mainville, 1999).

5.4 Análise lexical

Conforme indicamos no início deste capítulo, também incluiremos aqui a análise lexical.

De acordo com Stuart e Fee (2008, p. 214), "Neste ponto o exegeta deve tomar cuidado para que o estudo não resulte em um amontoado de análises de vocábulos". O objetivo é discutir o sentido de qualquer palavra de acordo com as seguintes orientações:

> 1) Explique o que não for óbvio;
> 2) Concentre-se no estudo de frases e palavras mais importantes.
> (Stuart; Fee, 2008, p. 14)

Esse passo de análise lexical, apesar de relativamente simples, requer o devido cuidado e a observação de algumas considerações importantes.

Em primeiro lugar, ressaltam Stuart e Fee (2008), em toda e qualquer obra literária – e o Novo Testamento não escapa à regra – as palavras são basicamente blocos de montar para a transmissão de dado significado. Em nosso caso, na exegese, é particularmente importante lembrar que as palavras funcionam em um contexto. Dessa forma, ainda que determinada palavra tenha um campo semântico amplo ou limitado, o objetivo de nosso estudo é procurar compreender, o mais precisamente possível, o que o escritor bíblico pretendia comunicar com o uso de determinada palavra em um contexto específico. Dessa forma, por exemplo, não poderemos fazer um estudo legítimo do vocábulo σάρξ (*sárx* – "carne"); mas apenas analisar a palavra σάρξ em I Coríntios, 5: 5 ou II Coríntios, 5: 16, e assim por diante (Stuart; Fee, 2008).

Devemos ter sempre em mente que o objetivo aqui é aprender a: (1) separar as palavras que necessitam de um estudo especial; (2) usar de modo mais completo e eficiente as ferramentas básicas para o estudo no Novo Testamento. Portanto, o exegeta deve evitar o perigo de tornar-se um "derivador de sentidos". Muitos estudiosos – principalmente os pregadores –, embora conheçam a etimologia ou a raiz de uma palavra, não compreendem qual o sentido dela em um contexto específico. Tomemos como exemplo o vocábulo mundo (κόσμος – *kósmos*). Apenas dois textos bíblicos (João, 3: 16 e I João, 2: 15), tomados do mesmo autor, já bastam para ilustrar o que estamos explicando. Observe a seguir os textos em grego e em português – na versão Almeida Revista e Atualizada (ARA):

- οὕτως γὰρ ἠγάπησεν ὁ θεὸς τὸν κόσμον ὥστε τὸν υἱὸν τὸν μονογενῆ ἔδωκεν ἵνα πᾶς ὁ πιστεύων εἰς αὐτὸν μὴ ἀπόληται ἀλλ' ἔχῃ ζωὴν αἰώνιον (Jo, 3: 16);
Porque Deus amou ao mundo de tal maneira que deu o seu Filho unigênito, para que todo o que nele crê não pereça, mas tenha a vida eterna (Jo, 3: 16).
- Μὴ ἀγαπᾶτε τὸν κόσμον μηδὲ τὰ ἐν τῷ κόσμῳ. Ἐάν τις ἀγαπᾷ τὸν κόσμον οὐκ ἔστιν ἡ ἀγάπη τοῦ πατρὸς ἐν αὐτῷ (I Jo, 2: 15);
Não ameis o mundo nem as coisas que há no mundo. Se alguém amar o mundo, o amor do Pai não está nele; (I Jo, 2: 15).

Fonte: Bíblia. João, 1993, 3: 16; I João, 1993, 3: 16.

Uma observação bastante superficial já é o bastante para demonstrar que se trata do mesmo vocábulo (inclusive no mesmo caso – nominativo – no grego). Diante disso, levanta-se a seguinte questão: Como pode o mesmo Deus que "amou ao mundo (κόσμον)" dizer aos seus servos que "não ameis o mundo (κόσμον)"? A resposta parece bastante simples. No primeiro texto bíblico (João, 3: 16), lemos que Deus amou os seres humanos (*mundo*), e no segundo texto (I João, 2: 15), Deus pede para que não amemos as coisas mundanas[5] (*mundo*).

5.4.1 Critérios básicos para análise lexical

A fim de facilitar o trabalho de análise lexical, Stuart e Fee (2008) oferecem quatro **orientações**:

---

[5] A Nova Bíblia Viva, uma paráfrase da Bíblia em grego, sugere mesmo esta leitura: "coisas mundanas" (Bíblia, 2010, p. 1015).

1. Tome nota das palavras conhecidas de antemão ou reconhecíveis pelo contexto que tenham conteúdo teológico. Não presuma saber o significado de termos "aparentemente" corriqueiros.
2. Observe as palavras que claramente fazem diferença no sentido da passagem, mas parecem ambíguas ou discutíveis.
3. Observe as palavras repetidas ou que emergem como temas em uma seção ou parágrafos.
4. Esteja alerta a palavras que possivelmente tenham mais significado no contexto do que parece à primeira vista.

Também é importante estabelecer o campo semântico de uma palavra em seu **contexto atual**. Esse passo levará o exegeta ainda a quatro áreas de investigação, de acordo com Stuart e Fee (2008):

1. Determine a possível utilidade de estabelecer a história da palavra. Como a palavra foi utilizada no passado? Até onde a palavra retrocede na história da língua? Essa palavra muda de sentido ao passar do período clássico para o período helenístico? Será que ela teria sentidos diferentes nos contextos greco-romano e judaico?
2. Determine o campo semântico encontrado no mundo greco-romano e judaico contemporâneo do Novo Testamento. Procure descobrir que sentido(s) ela apresenta em diferentes tipos de textos literários greco-romanos.
3. Determine se, e como, o vocábulo é utilizado em outros lugares do Novo Testamento, como no exemplo do vocábulo *mundo*.
4. Determine o(s) uso(s) do autor em outros lugares de seus escritos, como no exemplo de João.

Por fim, vale enfatizar: a análise cuidadosa do contexto serve para determinar qual sentido, no campo semântico, é o mais adequado na passagem em que se está fazendo a exegese.

Atividades de autoavaliação

1. Assinale a alternativa que define corretamente *momento histórico*:
   a) Refere-se a quando Jesus fez ou disse algo de fato.
   b) É o lugar do surgimento e do desenvolvimento dos evangelhos, o *Sitz im Leben*, que se busca reconstituir em quatro passagens.
   c) É a última fase da formação do evangelho e diz respeito ao trabalho do evangelista.
   d) É o momento em que o leitor se apropria do texto que está lendo.

2. Assinale a alternativa que define corretamente *momento da tradição*:
   a) Refere-se a quando Jesus fez ou disse algo de fato.
   b) É o lugar do surgimento e do desenvolvimento dos evangelhos, o *Sitz im Leben*, que se busca reconstituir em quatro passagens.
   c) É a última fase da formação do evangelho e diz respeito ao trabalho do evangelista.
   d) É o momento em que o leitor se apropria do texto que está lendo.

3. Assinale a alternativa que define corretamente *momento redacional*:
   a) Refere-se a quando Jesus fez ou disse algo de fato.
   b) É o lugar do surgimento e do desenvolvimento dos evangelhos, o *Sitz im Leben*, que se busca reconstituir em quatro passagens.

c) É a última fase da formação do evangelho e diz respeito ao trabalho do evangelista.

d) É o momento em que o leitor se apropria do texto que está lendo.

4. Assinale a alternativa que define corretamente *motivo*:

a) É uma situação típica que coloca em repouso, ou seja, congela o episódio narrado.

b) É uma situação típica que coloca em movimento, ou seja, impulsiona um único episódio.

c) É uma situação típica que coloca em movimento, ou seja, impulsiona diversos episódios semelhantes, todos de igual modo.

d) É uma situação típica que coloca em movimento, ou seja, impulsiona diversos episódios semelhantes, cada qual de diferente modo.

5. Assinale a alternativa que define corretamente *imagem*:

a) É um elemento utilizado como símbolo, cujo objetivo é evocar outra realidade, outros sentimentos ou outras experiências. Um livro bíblico bastante rico em imagens é o livro dos Salmos.

b) É um elemento utilizado como símbolo, cujo objetivo é evocar outra realidade, outros sentimentos ou outras experiências. Um livro bíblico bastante rico em imagens é o livro dos Profetas.

c) É um elemento utilizado como símbolo, cujo objetivo é evocar outra realidade, outros sentimentos ou outras experiências. Um livro bíblico bastante rico em imagens é o livro de Eclesiastes.

d) É um elemento utilizado como símbolo, cujo objetivo é evocar outra realidade, outros sentimentos ou outras experiências. Um livro bíblico bastante rico em imagens é o livro dos Provérbios.

Atividades de aprendizagem

Questões para reflexão

1. Qual a importância de compreender o momento redacional?

2. Em um texto em que você esteja fazendo a exegese, observe se é possível identificar o momento da tradição. Justifique.

Atividade aplicada: prática

1. A crítica da tradição auxilia na compreensão do pano de fundo cultural dos textos bíblicos. Nesse sentido, o que é possível descobrir nos textos indicados a seguir?
   a) Mateus, 11: 20-24.
   b) Mateus, 26: 6-13.
   c) Lucas, 6: 1-11.
   d) Romanos, 11: 16-24.
   e) Apocalipse, 3: 1-6.

capítulo seis

Conteúdo, teologia e atualização

06

Chegamos ao nosso último capítulo. Até aqui, buscamos demonstrar como usar todos os recursos e as ferramentas para que o exegeta descubra da forma mais aproximada possível qual é o sentido original pretendido pelo autor do texto objeto de seu estudo. Nosso intuito, agora, é demonstrar como alcançar uma compreensão real do conteúdo, da teologia do texto e, por fim, tentar estabelecer uma ligação da mensagem original do texto para os ouvintes e leitores contemporâneos ao exegeta.

6.1 Análise de conteúdo

A análise de conteúdo traz em si um caráter sintético e integrativo das partes do texto e, da mesma forma, o interesse pelo conteúdo literal dos versículos que reproduzem a tradição a ser estudada (Wegner, 1998).

Muito do que já fizemos serve como base para a análise de conteúdo aqui pretendida. A análise linguístico-sintática, semântica e pragmática tomam sua importância nesse momento. Nosso objetivo é apresentar uma breve noção dessas análises, para tanto, seguimos de perto Egger (1994)[1].

É importante destacar que a análise lexical realizada no capítulo anterior retoma aqui sua importância fundamental. Egger (1994, p. 75) afirma que "um olhar global sobre o léxico de um texto ou até de um segmento de um texto fornece uma primeira indicação acerca da impostação teológica dos livros [...] e permite tirar [...] determinadas conclusões sobre a tradição e a redação".

Diante dessa afirmação, podemos ter uma ideia da profundidade que atingimos com a análise lexical e, posteriormente, seu uso na análise de conteúdo.

6.1.1 Análise linguístico-sintática

Com a análise linguístico-sintática, o exegeta deve buscar os diversos aspectos a partir dos quais possa avaliar uma linguagem empregada em um texto específico. A seleção dos termos empregados, já realizada na análise lexical, conduz ao modo como eles se relacionam entre si. De forma mais concreta, essas considerações podem ser obtidas ao serem observados cinco aspectos:

1. **Léxico** – Objetiva examinar a existência de vocábulos, expressões ou frases de destaque no texto; da mesma forma, tem o

---

1 Wegner (1998) também retoma como base os passos de Egger (1994).

intuito de designar o emprego de termos característicos de determinado autor bíblico (Egger, 1994).
2. **Categorias e formas gramaticais** – Objetivam elencar as diversas categorias em destaque no texto; especial atenção deve ser dada a substantivos, verbos, advérbios e preposições.
3. **Conexão** – Busca compreender como palavras, expressões e frases relacionam-se entre si. Aqui, o intérprete deve dar atenção às conjunções (coordenadas ou subordinadas), a eventuais predileções por determinadas introduções de frases, à ordem de sujeito e predicado e ao uso de tempos e modos verbais (Egger, 1994).
4. **Estilo** – Deve ser observado, nesse caso, o emprego das formas de expressão encontradas no texto. Novamente, as observações de figuras retóricas e de linguagem entram em cena (Egger, 1994).
5. **Estrutura e disposição** – Objetivam compreender as diversas partes que compõem o texto, sendo importante diferenciar partes narrativas das discursivas. Atenção especial deve ser dada para as mudanças de pessoa, lugar, tempo e interlocutores (Wegner, 1998).

As considerações apontadas, apesar de sua simplicidade, requerem uma atenção especial por parte do exegeta. No entanto, os resultados obtidos são gratificantes.

6.1.2 Análise do conteúdo pelo método histórico-crítico

Com a análise do conteúdo pelo método histórico-crítico, o exegeta procura basicamente compreender certos detalhes relacionados com a situação e o contexto da época, como dados:

- geográficos;
- sociais;
- econômicos;
- políticos;
- culturais;
- religiosos.

Em termos práticos, essa pesquisa pode ser feita parcialmente por meio de um estudo comparativo de textos bíblicos. Voltando ao texto de Filipenses, 2: 5-11[2], o intérprete deve levar em conta alguns dados relevantes, procurando informações sobre os governantes, a situação econômica e outros pormenores que forem necessários.

Contexto histórico

A carta aos Filipenses pode ter sido escrita durante a prisão de Paulo em Roma, próximo do fim da vida desse apóstolo, entretanto, há incertezas quanto ao local exato de sua escrita – alguns teóricos confirmam Roma, outros mencionam Cesareia. Tendo em vista essas dúvidas, dificilmente o exegeta pode ser mais específico ao afirmar que essa carta foi escrita no final da década de 50 d.C. ou no início da década de 60 d.C. (Carson; Moo; Morris, 1997).

Carson, Moo e Morris (1997) ainda apontam que alguns fatores podem ter contribuído para o surgimento dessa carta. Em primeiro lugar, há a questão de Epafrodito. A Igreja de Filipos havia enviado esse homem a Paulo para atender às suas "necessidades" (Filipenses, 2: 25). Aparentemente, Epafrodito havia se desincumbido de sua tarefa, mas caíra doente, a ponto de quase morrer.

---

2   Todas as indicações bíblicas apontadas neste capítulo foram consultadas em Bíblia (1995).

Os filipenses souberam da enfermidade, e Epafrodito ficou preocupado com isso (Filipenses, 2: 26-27). Paulo torna a mencionar a gravidade da doença (Filipenses, 2: 30). Os filipenses talvez não tivessem percebido quão gravemente enfermo ele havia ficado quando estava com Paulo. Por isso, Paulo lhes mandou honrar homens como aquele (Filipenses, 2: 29). Também é possível que alguns tenham criticado Paulo por segurar Epafrodito em vez de enviá-lo de volta mais cedo. Quaisquer que tenham sido as circunstâncias exatas, Paulo escreve para deixar claro aos filipenses que o mensageiro que eles haviam enviado tinha-se desincumbido bem de sua tarefa e que havia corrido grande perigo ao realizá-la. Assim, Paulo enviou Epafrodito de volta com um elogio cordial.

Com isso, temos o panorama do conhecimento do contexto histórico da carta aos Filipenses. Resta-nos, agora, dar continuidade e tentar compreender o contexto geográfico.

Contexto geográfico

Quanto ao contexto geográfico da escrita, depende, é claro, de onde se considera que Paulo estava preso. Desse modo, por se tratar de um tema extenso e que apresenta diversas teorias, o qual não é foco da abordagem deste livro, sugerimos a pesquisa mais detalhada em outra literatura.

No que diz respeito ao contexto geográfico dos destinatários, os receptores eram os santos da igreja de Filipos.

> *Filipos era uma colônia romana localizada na grande estrada, ao norte, que ia do leste para o oeste, chamada via Inácia. A cidade recebeu seu nome de Filipe II, pai de Alexandre, o Grande. Um pouco a oeste da cidade, perto do rio Gangite, Antônio e Otaviano derrotaram Cássio e Brutos em 42 a.C. Em 30 a.C. Otaviano tornou a cidade colônia romana para soldados reformados e concedeu-lhes todos os privilégios da cidadania*

romana. Os filipenses tinham muito orgulho dos seus privilégios de cidadãos romanos e eram fiéis a Roma, algo que Paulo usou como ilustração em [Filipenses] 3: 20. (Dockery, 2001, p. 761)

Observe que a indicação geográfica oferece subsídios para a compreensão da postura da cidade. Sendo uma colônia romana, os cidadãos eram orgulhosos, talvez por isso Paulo exorta-os a serem humildes.

Cuidados a serem tomados

Wegner (1998) alerta para quatro perigos que devem ser evitados na análise de conteúdo:

1. **Atomização** – "caracteriza a análise de conteúdo que se baseia no estudo isolado de diversos termos e dados apresentados pelo texto", sem seja percebida uma necessária "amarração do todo" em torno e "em função do eixo central do texto, isto é, do seu assunto prioritário" (Wegner, 1998, p. 267).

2. **Dependência excessiva de comentários bíblicos** – "os comentários são de fato o subsídio mais apropriado para a realização das análises de conteúdo". Todavia, não é bom sinal quando o exegeta "não sabe senão apresentar um leque de opiniões de comentaristas neste passo exegético" (Wegner, 1998, p. 267); isso caracteriza uma falta de autonomia na pesquisa.

3. **Análise sequencial de versículos** – Aquela famosa análise "versículo por versículo", como encontramos na maioria dos comentários, "não é recomendada, pois ela fomenta o isolamento de partes originalmente ligadas" (Wegner, 1998, p. 267).

4. **Análise de termos** – "seguida da interpretação do todo alguns intérpretes oferecem a análise de conteúdo em duas partes distintas": (1) selecionam os termos e expressões mais importantes, apresentando o estudo de seu significado; (2) procuram

correlacionar o conteúdo das diversas partes em um todo coerente e orgânico. "Isto pode levar ao risco da já mencionada atomização" (Wegner, 1998, p. 268). A análise deve ser feita de acordo com a estrutura dada pela própria perícope (Wegner, 1998).

Veja que, apesar da imensidão de recursos disponíveis, o intérprete deve estar sempre atento ao texto como um todo e lembrar que os recursos são apenas ferramentas, elas não ditam o significado final da perícope.

6.2 Análise teológica

A análise teológica versa sobre questões como: De que forma a perícope trata a pessoa de Deus? Como Deus interage com as personagens envolvidas no texto? Há algum tipo de aperfeiçoamento ou progresso no entendimento dos conceitos?

Nesse sentido, Wegner (1998, p. 297) ressalta que

> esse procedimento visa evitar que a exegese incorra na tendência de dissociar-se de outras disciplinas teológicas, como a teologia bíblica e a teologia sistemática. Dentro do escopo da exegese, a análise teológica trata de correlacionar textos em que opções ou posturas idênticas tenham sido tomadas pelo próprio Jesus ou então encontrem testemunhadas em outras partes da Bíblia, quer seja do Novo Testamento quer seja do Antigo Testamento. Ao realizarmos nossa análise comparativa, colocamos nosso texto (perícope) no horizonte maior da pregação e ação de Jesus, ou da mensagem bíblico em geral. Agindo assim adquiriremos melhores subsídios para a articulação da teologia do próprio texto em estudo.

Os **passos** sugeridos por Wegner (1998, p. 298-301) são cinco:

1. **Estudo da correlação** – Para a avaliação da teologia de um texto, é necessário determinar ou descobrir inicialmente outros textos que tratam da mesma temática (Wegner, 1998).

2. **Enquadramento** – Devemos tentar enquadrar o conteúdo de nossa perícope em temas e doutrinas teológicas fundamentais, tal como apresenta a teologia sistemática, procurando avaliar nosso texto à luz do testemunho mais amplo da Escritura sobre o evangelho de Deus (Wegner, 1998). No escopo da teologia, a reflexão à luz do evangelho como um todo e da tradição "dogmática" da Igreja traz, entre outras, as seguintes vantagens:
   a) Evita que enunciados bíblicos isolados adquiram importância exagerada;
   b) Contribui para que intérpretes se deem conta da pluralidade e diversidade com que uma mesma fé em Deus respondeu a desafios semelhantes, mas em situações e épocas diferentes;
   c) Implica a possibilidade de crítica teológica ao texto da exegese, isto é, permite distinguir entre a letra do texto, cujo foco é dar testemunho do evangelho, e o Espírito de Cristo, efetivamente presente no conteúdo analisado (Wegner, 1998).

3. **Consequências práticas** – A teologia da perícope pode ser avaliada na medida em que procurarmos nos inteirar de suas consequências práticas. Aqui, levantamos perguntas como:
   a) Que consequências para o agir humano está a reclamar a fé cristã articulada no texto sobre determinado assunto?
   b) Que compromissos requer essa fé para nosso agir e pensar como cristãos?

Diante disso, a análise teológica deve prosseguir compreendendo:
4. a análise de passagens paralelas;
5. uma breve avaliação teológica do texto (Wegner, 1998).

Para o primeiro caso (4), pode-se usar como critério a identidade de termos e expressões ou, então, de uma maneira mais genérica, de conteúdo como um todo. Para a avaliação teológica (5), o exegeta precisa entender que ela vai depender, em grande medida, do grau de aprofundamento teológico-sistemático que pode ser alcançado em relação ao(s) tema(s) em evidência no texto. Da mesma forma, a natureza e as exigências do texto também vão determinar de que maneira essa análise teológica pode ser estruturada. Portanto, é possível analisar teologicamente um texto sob diversos ângulos (Wegner, 1998).

Por fim, cabe ressaltar quatro perguntas que devem ser aplicadas para definir o **conteúdo** teológico da perícope:

1. Quais são as características a respeito de Deus que o texto destaca?
2. E a respeito de Jesus?
3. Quais as características do Espírito Santo que o texto ressalta?
4. Quais as dimensões de compromissos pessoal, eclesial e social devemos tomar? Aqui, deve ser compreendido o que o texto traz como mensagem para o cristão individualmente, para a Igreja como comunidade e, por fim, para a sociedade na qual está inserido o exegeta.

Para a avaliação teológica, podemos utilizar oito **subsídios** exegéticos (Wegner, 1998, p. 301):

1. Comparação de conteúdo com outros textos, com o recurso de chaves[3] ou concordâncias bíblicas.
2. Comparação com textos de gêneros iguais.
3. Monografias específicas sobre a temática do texto.
4. Teologias bíblicas.
5. Teologias do Novo Testamento.
6. Dicionários bíblico-teológicos.
7. Manuais de teologia sistemática.
8. Comentários bíblicos exegéticos.

De acordo com Wegner (1998, p. 301, grifo nosso):

> A análise teológica, por fim, constitui-se em uma poderosa ferramenta para que possamos examinar os títulos que os textos recebem nas modernas versões da Bíblia. Devemos lembrar que estes títulos, grande parte das vezes são representantes de uma síntese teológica do texto **na perspectiva** dos editores dessas versões. A análise teológica nos dá uma rica oportunidade de verificar se os títulos (epígrafes) propostos pelas mais variadas edições interpretam corretamente a mensagem teológica do texto. Não é muito difícil perceber que, na realidade, eles revelam a posição teológica, ideológica, classista ou mesmo de gêneros dos seus respectivos editores.

6.2.1 Um exercício rápido de análise teológica

Voltemos novamente à perícope de Filipenses, 2: 5-11. A partir de agora, vamos mencionar textos correlatos que tratam da mesma

---

3   Consulte, na Seção "Referências", um exemplo de livro com chaves bíblicas em SBB (2009).

temática para, em seguida, enquadrar o conteúdo de nossa perícope em temas e doutrinas teológicas fundamentais.

Textos correlatos

De forma muito rápida, podemos afirmar, sem temor de nos equivocarmos, que essa é uma passagem que encontra seu paralelo claramente em I Coríntios, 8: 9, em que se afirma que Jesus, sendo rico, empobreceu-se por nossa causa.

Temas e doutrinas fundamentais

Nossa perícope traz algumas doutrinas fundamentais. É interessante como um pequeno trecho das Escrituras pode conter verdades tão profundas e tão essenciais à fé cristã. Essa passagem traz basicamente duas doutrinas que fazem parte da cristologia e que são de suma importância: (1) a doutrina da *kenosis* ou do esvaziamento; (2) a doutrina do "senhorio" ou da exaltação, de Cristo.

Vejamos um pouco mais a respeito de cada uma delas.

Kenosis

Na análise de palavras importantes, já foram consideradas as implicações da *kenosis* – esvaziamento de Cristo. Agora, ressaltamos que esse é um conceito muito importante para a cristologia.

O vocábulo ἐκένωσεν (*ekénōsen* – "esvaziou-se") demonstra que, para que houvesse o efeito ou o resultado pleno, a obra de Cristo, o preexistente teve de esvaziar-se de sua condição divina. É importante ressaltar que a perda da posição de Deus não vem sobre ele como uma sina, isto é, como um determinismo do qual Ele não poderia "escapar". Ele não é rebaixado, mas se rebaixa a si mesmo. Sendo seu caminho para as profundezas um caminho voluntário, Ele pode ser caracterizado como obediência (Barth, 1979).

Em lugar de aferrar-se à sua igualdade com Deus, Cristo despojou-se a si mesmo. Provavelmente isso tenha ocorrido durante o tempo de encarnação. Cristo renunciou a todas as suas gloriosas prerrogativas e se fez escravo. A ideia central da palavra *despojou* é achar algo vão, o nada.

Essa é uma das grandes doutrinas da cristologia. Em sua humanidade, o Verbo renunciou a muitos de seus atributos divinos essenciais, como onipotência, onisciência, onipresença. Uma forma modificada dessa teoria kenótica argumenta que os atributos divinos foram tornados latentes ou exercidos apenas a intervalos; ou, ainda, que a *kenosis* relacionava-se apenas com a consciência de Cristo, e não com seu ser. O que fica evidente é que Jesus estava, de alguma forma, limitado quanto ao exercício dos poderes da divindade, mas não talvez quanto à sua qualidade de divino. Ele tinha a plenitude da divindade (Colossenses, 2: 9), mas nas limitações de seu corpo. Nesse sentido, Severa (1999, p. 234) faz uma analogia interessante:

> Como um mergulhador que, no fundo do mar, conserva a plenitude da sua natureza humana, mas fica limitado nas suas funções por estar temporalmente numa condição de existência que não lhe é própria, assim também podemos pensar de Cristo, que, por estar na condição de humano, ficou limitado no exercício de algumas de suas atribuições divinas, mas sem deixar de ser divino.

A teologia, ao aplicar o termo *kenosis* ao ato de Cristo, o Filho de Deus, ao tornar-se homem, quer significar que Ele se esvaziou de seus atributos e poderes divinos, afirma Champlin (2004).

Exatamente até que ponto ocorreu esse esvaziamento é assunto disputado. Não se pode chegar a uma resposta adequada, porque, a tocar-se nessa questão, aborda-se um dos grandes mistérios divinos. Se, por um lado, não for dado a essa doutrina o respectivo peso, obscurece-se o ensino sobre a humanidade de Cristo. Por outro lado, se ela for enfatizada em demasia, reduz-se Cristo a um mero homem.

A divindade se materializa. A encarnação é real e, com ela, o logos divino esvaziou-se e se fez homem. O motivo desse esvaziamento, o motivo da encarnação, foi, é claro, como mencionam as Escrituras, a maior demonstração do amor de Deus (conforme João, 3: 16).

Senhorio de Cristo

A declaração "Jesus é o Senhor" é o ponto máximo da declaração de fé cristã.

Após a exaltação registrada na perícope estudada, Jesus recebeu o título de *Senhor* no sentido absoluto. O texto em análise (Filipenses, 2: 5-11) é imprescindível no Novo Testamento como forma de demonstrar o sentido no qual Jesus foi reconhecido como Senhor. Nesse texto, o apóstolo menciona o "nome que está acima de todo nome". Esse nome é, provavelmente, o título *Senhor*.

De acordo com Severa (1999, p. 238), após seu esvaziamento, que culminou com sua morte, e morte de cruz, "Cristo passou para o estado de exaltação". Ele voltou a receber aquela glória que tinha antes da encarnação. Nesse estado, Cristo assentou-se à destra de Deus, "na glória que tinha antes da encarnação, e passou a exercer os atributos divinos" (Severa, 1999, p. 239).

Deus é "Senhor", essa é a natureza divina. No Novo Testamento, esse título é transferido para Jesus; Ele é o κύριος, porque nele Deus exerce sua soberania direta e imediata através de Jesus, que tem autoridade real.

6.3 Atualização da mensagem

Como último passo da exegese, o exegeta deve procurar uma atualização (hermenêutica) da mensagem do texto para a situação do intérprete. Essa atualização visa construir uma ponte entre o significado do texto no passado e sua relevância para os dias atuais, trabalhando com o pressuposto de que a palavra de Deus, a despeito de ser sempre situacional e contextual, tem uma mensagem perene e válida para além da situação concreta em que foi formulada. Isso pelo simples fato de que a verdadeira identidade da pessoa humana perante Deus, seus semelhantes e o mundo criado, hoje, permanece igual àquela que foi no passado e também àquela que será no futuro (Wegner, 1998).

Martínez (1984) enfatiza que o princípio de uma interpretação bíblica correta só é possível quando é praticada uma exegese contextualizada dos textos bíblicos com o intuito de determinar o que o autor bíblico quis significar. Listamos a seguir alguns **princípios básicos** para uma atualização correta dos textos bíblicos propostos por Martínez (1984):

- O significado atual de um texto não pode divorciar-se de seu significado original. Não é possível depender exclusivamente do livre arbítrio do intérprete, ao extremo de que aquilo que se retira do texto não tenha nada relacionado ao pensamento do autor.
- O intérprete deve descobrir o elemento comum entre o contexto original, o autor e o leitor. Em muitos casos, o conteúdo do texto pode ser aceito em seu sentido imediato, pois sua atualidade é perene, ou seja, transcende a todas as mudanças culturais.
- É necessário que o exegeta faça a devida distinção entre o que é cultural e o que é perenemente normativo. A adequada

ponderação dos usos e costumes da sociedade em que viveu o autor ajudará a discernir aquilo que há de circunstancial – por conseguinte, temporal – e se, por trás das observações ou normas derivadas do contexto social, há também princípios com duração até o momento do intérprete.

- O exegeta precisa determinar o pensamento central da passagem. É necessário descobrir a linha de pensamento do autor. A atualização sempre deve ser fiel a essa linha.
- Devem ser tomadas em consideração todas as partes do texto. Aqui o intérprete precisa compreender se a mensagem do texto é evangelística, missionária etc.
- O intérprete deve descobrir e respeitar o fundamento teológico.

Além de todos esses princípios, Martínez (1984) alerta sobre a questão da resposta à Palavra. A atualização da mensagem bíblica somente é efetiva quando produz uma resposta positiva, tanto do expositor quanto daqueles a quem ele dirigirá sua interpretação. Bengel, citado por Martínez (1984, p. 560, tradução nossa), escreveu em seu prefácio do Novo Testamento de 1734: "Te totum apllica ad textum; rem tota apllica ad te" (Aplica-te totalmente ao texto; todo seu material aplica-o a ti).

Ainda ressaltamos aqui alguns **lembretes úteis** na hora de fazer hermenêutica, recomendados por Mosconi (2002):

- Toda leitura já é uma interpretação do texto. Ninguém vai ao texto passivamente ou com indiferença.
- A hermenêutica só existe situada. Nossas situações concretas, estados de ânimo e opções marcam a hermenêutica. Precisamos cuidar disso durante a atualização.

- A hermenêutica é marcada pelo nível de consciência crítica. A atualização depende muito do nível de compreensão da realidade do leitor/ouvinte, da visão de mundo que tem.
- Devemos tomar cuidado com as "colagens", ou seja, com as transposições literais dos enunciados do texto para nossa realidade, bem diferente da realidade e da cultura bíblicas – um reforço do terceiro princípio de Martínez (1984) apresentado anteriormente.
- É preciso cuidar para que não façamos uma leitura bíblica somente para justificar nossas posturas de hoje. Isso acontece geralmente quando o intérprete só aceita a Bíblia se ela estiver de acordo com suas próprias ideias.
- Tomar o devido cuidado para não realizar uma interpretação legalista, moralista e idealista da Bíblia. Há leitores que reduzem a Bíblia a um conjunto de normas, ideias e leis. Um reducionismo perigoso e desonesto.
- Evitar o perigo da leitura imediatista, genérica e voluntarista. Isso ocorre quando não se leva em conta a mudança de situações, as mediações históricas etc. – mais uma extensão do lembrete número quatro – colagens.

Por fim, mencionamos ainda a sugestão de Wegner (1998), na qual, ao fazer a atualização, os seguintes **exercícios** se revelam úteis ao intérprete:

- É preciso formular um **escopo do texto**. "Escopo aqui tem o sentido de alvo, mira, fim, propósito, intuito, intento etc. Ele deve ser formulado em estreita conexão com a análise da intenção teológica do texto" (Wegner, 1998, p. 225).

- Englobar, na atualização, as seguintes dimensões:
  a) **Pessoal**: Qual o potencial evangélico para mim, individualmente, como cristão?
  b) **Eclesiástica**: Que mensagem o texto traz para a comunidade da qual faço parte e para a igreja à qual pertenço e na qual procuro viver o discipulado?
  c) **Social**: Que perspectivas apresenta o conteúdo para a sociedade que integro?

Como você pode perceber, o trabalho de atualização também requer cuidados e critérios adequados. O que se nota atualmente é que muitos pregadores têm realizado interpretações em cima de um texto que não condizem com a real intenção do autor. Quando se age assim, o "tradutor" se transforma em "traidor": ao tentar traduzir a mensagem transmitida em um texto para a atualidade, o intérprete corre o risco de trair o conteúdo original desse texto. Esse é um alerta que deve estar "sobre a mesa" durante todo o tempo em que se realiza a exegese.

6.4 Redação final

Depois de concluída toda a pesquisa, podemos escrever uma redação final. Para iniciá-la, seria interessante inserir uma tradução final imediatamente depois do texto.

A fim de que a tradução final fique bastante compreensível, de acordo com o que ensinam Stuart e Fee (2008), você pode utilizar anotações – notas de rodapé – para explicar ao futuro leitor as diversas escolhas de palavras que podem, de alguma forma, soar surpreendentes para ele; talvez aquelas que não sejam tão óbvias também devam ser incluídas. Evite também explicar o uso de palavras que já foram adotadas em outras traduções – aquelas que você já utilizou em sua comparação entre versões principalmente (Stuart; Fee, 2008). Você poderá, ainda, fazer uso das "notas de rodapé para oferecer outras traduções possíveis de uma palavra ou frase que considera importante" (Stuart; Fee, 2008, p. 232)

Atividades de autoavaliação

1. Leia as afirmativas a seguir e assinale a alternativa correta a respeito da análise linguístico-sintática:
    a) O exegeta deve buscar diversos aspectos por meio dos quais possa avaliar a linguagem empregada em um texto específico.
    b) Objetiva examinar a existência de vocábulos, expressões ou frases de destaque no texto, além de definir o emprego de termos característicos de determinado autor bíblico.
    c) Busca compreender como palavras, expressões e frases relacionam-se entre si: o intérprete deve dar atenção às conjunções (coordenadas ou subordinadas), a eventuais predileções por determinadas introduções de frases, à ordem de sujeito e predicado e ao uso de tempos e modos verbais.
    d) Objetiva compreender as diversas partes que compõem o texto, diferenciando as partes narrativas das discursivas e atentando às mudanças de pessoa, lugar, tempo e interlocutores.

2. Leia as afirmativas a seguir e assinale a alternativa correta em relação à análise do léxico:
   a) O exegeta deve buscar os diversos aspectos por meio dos quais possa avaliar uma linguagem empregada em um texto específico.
   b) O exegeta examina a existência de vocábulos, expressões ou frases de destaque no texto, além de poder designar o emprego de termos característicos de determinado autor bíblico.
   c) O exegeta busca compreender como palavras, expressões e frases relacionam-se entre si: o intérprete deve dar atenção às conjunções (coordenadas ou subordinadas), a eventuais predileções por determinadas introduções de frases, à ordem de sujeito e predicado e ao uso de tempos e modos verbais.
   d) O exegeta busca compreender as diversas partes que compõem o texto, diferenciando as partes narrativas das discursivas e atentando às mudanças de pessoa, lugar, tempo e interlocutores.

3. Leia as afirmativas a seguir e assinale a alternativa correta sobre a análise de estrutura e disposição.
   a) O exegeta deve buscar os diversos aspectos por meio dos quais possa avaliar uma linguagem empregada em um texto específico.
   b) Objetiva que o exegeta examine a existência de vocábulos, expressões ou frases de destaque no texto, além de definir o emprego de termos característicos de determinado autor bíblico.

c) O exegeta busca compreender como palavras, expressões e frases relacionam-se entre si: o intérprete deve dar atenção às conjunções (coordenadas ou subordinadas), a eventuais predileções por determinadas introduções de frases, à ordem de sujeito e predicado e ao uso de tempos e modos verbais.

d) O exegeta busca compreender as diversas partes que compõem o texto, diferenciando as partes narrativas das discursivas e atentando às mudanças de pessoa, lugar, tempo e interlocutores.

4. Leia as afirmativas a seguir e assinale a alternativa correta no que se refere à análise da conexão:

a) O exegeta deve buscar os diversos aspectos a partir dos quais possa avaliar uma linguagem empregada em um texto específico.

b) Objetiva examinar a existência de vocábulos, expressões ou frases de destaque no texto, além de definir o emprego de termos característicos de determinado autor bíblico.

c) O exegeta busca compreender como palavras, expressões e frases relacionam-se entre si: o intérprete deve dar atenção às conjunções (coordenadas ou subordinadas), a eventuais predileções por determinadas introduções de frases, à ordem de sujeito e predicado e ao uso de tempos e modos verbais.

d) Objetiva compreender as diversas partes que compõem o texto, diferenciando as partes narrativas das discursivas e atentando às mudanças de pessoa, lugar, tempo e interlocutores.

5. Leia as afirmativas a seguir e assinale a alternativa correta a respeito da análise teológica:
   a) O exegeta deve buscar os diversos aspectos por meio dos quais possa avaliar uma linguagem empregada em um texto específico.
   b) Objetiva examinar a existência de vocábulos, expressões ou frases de destaque no texto, além de definir o emprego de termos característicos de determinado autor bíblico.
   c) Aborda questões como: Como a perícope trata a pessoa de Deus? Como Deus interage com as personagens envolvidas no texto? Há algum tipo de aperfeiçoamento ou progresso no entendimento dos conceitos?
   d) Objetiva compreender as diversas partes que compõem o texto, diferenciando as partes narrativas das discursivas e atentando às mudanças de pessoa, lugar, tempo e interlocutores.

Atividades de aprendizagem

Questões para reflexão

1. Escolha uma perícope e descreva em detalhes a análise lexical.

2. Analise os contextos histórico e geográfico de um texto em que esteja fazendo a exegese.

3. Faça a análise teológica da perícope escolhida na Questão 1.

Atividade aplicada: prática

1. Chegamos ao final de nossos estudos. Agora, já podemos concluir a análise de diversos textos que nos acompanharam ao longo dessa jornada. Para tanto, volte aos textos bíblicos mencionados a seguir e, com base no conteúdo deste último capítulo, faça uma breve análise do conteúdo e da teologia, encerrando com uma pequena atualização:
   a) Mateus, 11: 20-24.
   b) Mateus, 26: 6-13.
   c) Lucas, 6: 1-11.
   d) Romanos, 11: 16-24.
   e) Apocalipse, 3: 1-6.

considerações finais

Ao longo deste manual de Exegese do Novo Testamento, utilizamos o método histórico-crítico e contemplamos outros campos, como a análise hermenêutica (atualização) e teológica, por exemplo. Apoiamos a afirmação que toma a Bíblia como Palavra de Deus, mas isso não significa, de modo algum, que a sua leitura possa dispensar os métodos científicos de que dispomos.

Nosso livro base – a Bíblia – constitui-se, na realidade, de uma coletânea de livros antigos. É necessário utilizar de tudo o que dispomos a fim de que possamos compreender qual o significado pretendido pelos escritores nas respectivas épocas e comunidades.

O método aqui apresentado capacita o estudante a realizar uma "volta ao tempo", com o intuito de se aproximar das leituras que as comunidades originárias realizaram a partir desses textos.

Esperamos ter contribuído de alguma forma para que sua leitura da Palavra de Deus seja mais produtiva e alcance resultados seguros. Atualmente, existe uma imensa gama de pessoas que tem acesso à leitura da Bíblia, sem, contudo, proceder a uma leitura fiel. Após se apropriar dos passos que dispusemos aqui, você poderá realizar uma leitura, no mínimo, próxima à da comunidade originária.

referências

ALAND, B. et al. (Org.). **O Novo Testamento grego**. 4. ed. São Paulo: SBB, 1993.

BARTH, G. **A carta aos filipenses**. São Leopoldo: Sinodal, 1979.

BECHARA, E. **Moderna gramática portuguesa**. 37. ed. rev., ampl. e atual. Rio de Janeiro: Nova Fronteira, 2009.

BERGER, K. **As formas literárias do Novo Testamento**. Tradução de Fredericus Antonius Stein. São Paulo: Edições Loyola, 1998.

BÍBLIA. Português. **Bíblia Sagrada**. Tradução de João Ferreira de Almeida. Nova tradução na linguagem de hoje. São Paulo: Sociedade Bíblica do Brasil, 2000.

BÍBLIA. Português. **Bíblia Sagrada**. Tradução de João Ferreira de Almeida. 2. ed. rev. e atual. São Paulo: Sociedade Bíblica do Brasil, 1993.

BÍBLIA. Português. **Bíblia Sagrada**. Tradução de João Ferreira de Almeida. 2. ed. rev. e corrigida. São Paulo: Sociedade Bíblica do Brasil, 1995.

BÍBLIA. Português. **Nova Bíblia Viva**. São Paulo: Mundo Cristão, 2010.

BROW, C.; COENEN, L. (Org.). **Dicionário internacional de teologia do Novo Testamento**. Tradução de Gordon Chownl. São Paulo: Vida Nova, 1981. v. 1.

BROW, C.; COENEN, L. (Org.). **Dicionário internacional de teologia do Novo Testamento**. Tradução de Gordon Chownl. São Paulo: Vida Nova, 1982. v. 2.

CARSON, D. A.; MOO, D. J.; MORRIS, L. **Introdução ao Novo Testamento**. Tradução de Márcio Loureiro Redondo. São Paulo: Vida Nova, 1997.

CHAMBERLAIN, W. D. **Gramática exegética do grego neotestamentário**. São Paulo: Casa Editora Presbiteriana, 1989.

CHAMPLIN, R. N. **Enciclopédia de Bíblia, teologia e filosofia**. 7. ed. São Paulo: Hagnos, 2004. v. 3.

CHAMPLIN, R. N. **O Novo Testamento interpretado versículo por versículo**. São Paulo: Milenium, 1982. v. 5.

CORREIA JÚNIOR, J. L. **Chave para análise de textos bíblicos**: com exercícios de análise. São Paulo: Paulinas, 2006. (Coleção Bíblia na Mão do Povo).

DOCKERY, D. S. (Ed.). **Manual bíblico Vida Nova**. Tradução de Lucy Yamakami, Hans Udo Fuchs e Robinson Malkomes. São Paulo: Vida Nova, 2001.

EGGER, W. **Metodologia do Novo Testamento**: introdução aos métodos linguísticos e histórico-críticos. São Paulo: Edições Loyola, 1994.

GARCIA, M. C.; REIS, B. A. C. dos. **Minimanual compacto de gramática língua portuguesa**: teoria e prática. São Paulo: Rideel, 1998.

GILMER, T. L.; JACOBS, J.; VILELA, M. **Concordância bíblica exaustiva**. São Paulo: Hagnos, 2006.

GRASSMICK, J. D. **Exegese do Novo Testamento**: do texto ao púlpito. São Paulo: Shedd Publicações, 2009.

GUIA da exegese completa – Novo Testamento. Disponível em: <https://pt.scribd.com/document/327213404/Guia-Da-Exegese-Completa-Novo-Testamento>. Acesso em: 11 abr. 2018.

GUSSO, A. R. **Gramática instrumental do hebraico**. São Paulo: Vida Nova, 2005.

KUNZ, C. A. Método histórico-gramatical: um estudo descritivo. **Via Teológica FTBP**, Curitiba, v. 2, n. 16, p. 23-53, 2008. Disponível em: <http://portalfbp.weebly.com/uploads/6/5/7/9/6579080/metodo_historico-gramatical.pdf>. Acesso em: 11 abr. 2018.

LAZARINI NETO, A. **Exegese do Novo Testamento**. Campinas: FTBC – Faculdade Teológica Batista de Campinas, 2008. Apostila digitada. Disponível em: <https://www.academia.edu/7488543/Apostila-2008_Exegese>. Acesso em: 11 abr. 2018.

MAINVILLE, O. **A Bíblia à luz da história**: guia de exegese histórico-crítica. Tradução de Magno Vilela. São Paulo: Paulinas, 1999.

MARCONCINI, B. **Os evangelhos sinóticos**: formação, redação, teologia. Tradução de Clemente Raphael Mahl. 5. ed. São Paulo: Paulinas, 2012. (Coleção Bíblia e História).

MARTÍNEZ, J. M. **Hermenéutica bíblica**: cómo interpretar las Sagradas Escrituras. Barcelona: Clie, 1984.

McKIBBEN, J. F.; STOCKWELL, B. F.; RIVAS, J. **Nuevo Lexico Griego-Español del Nuevo Testamento**. Buenos Aires: CBP, 1978.

METZGER, B. M. **Un comentario textual al Nuevo Testamento griego**. Barueri: Sociedades Bíblicas Unidas, 2006.

MOSCONI, L. **Para uma leitura fiel da Bíblia**. 3. ed. São Paulo: Edições Loyola, 2002.

NESTLE, E.; ALAND, K. **Novum Testamentum Graece**. 28. ed. Stuttgart: Deutsche Bibelgesellschaft, 2012.

PAROSCHI, W. **Crítica textual do Novo Testamento**. São Paulo: Vida Nova, 1993.

PAROSCHI, W. **Origem e transmissão do texto do Novo Testamento**. São Paulo: SBB, 2012.

RENDTORFF, R. **Antigo Testamento**: uma introdução. Santo André: Academia Cristã, 2009.

SBB – Sociedade Bíblica do Brasil. **Chave bíblica**. São Paulo: SBB, 2009.

SCHNELLE, U. **Introdução à exegese do Novo Testamento**. Tradução de Werner Fuchs. São Paulo: Edições Loyola, 2004.

SEVERA, Z. de A. **Manual de teologia sistemática**. Curitiba: A.D. Santos, 1999.

SILVA, C. M. D. da. **Leia a Bíblia como literatura**. São Paulo: Edições Loyola, 2007. (Coleção Ferramentas Bíblicas).

SILVA, C. M. D. da. **Metodologia de exegese bíblica**. 3. ed. São Paulo: Paulinas, 2009.

SOARES, E. **Gramática prática de grego**: um curso dinâmico para leitura e compreensão do Novo Testamento. São Paulo: Hagnos, 2011.

STUART, D.; FEE, G. D. **Manual de exegese bíblica**: Antigo e Novo Testamentos. Tradução de Estevan Kirschner e Daniel de Oliveira. São Paulo: Vida Nova, 2008.

TAYLOR, W. C. **Dicionário do Novo Testamento grego**. 9. ed. Rio de Janeiro: Juerp, 1991.

WEGNER, U. **Exegese do Novo Testamento**: manual de metodologia. São Leopoldo: Sinodal; São Paulo: Paulus, 1998.

YOUNGBLOOD, R. F. (Ed.). **Dicionário ilustrado da Bíblia**. São Paulo: Vida Nova, 2004.

respostas

Capítulo 1

Atividades de autoavaliação

1. a
2. a
3. d
4. b
5. a

Capítulo 2

Atividades de autoavaliação

1. d
2. c
3. a
4. b
5. b

Capítulo 3

Atividades de autoavaliação

1. a
2. a
3. b
4. d
5. c

Capítulo 4

Atividades de autoavaliação

1. a
2. b
3. c
4. d
5. d

Capítulo 5

Atividades de autoavaliação

1. a
2. b
3. c
4. d
5. a

Capítulo 6

Atividades de autoavaliação

1. a
2. b
3. d
4. c
5. c

sobre o autor

Sandro Pereira é mestre em Ciências da Religião pela Universidade Metodista de São Paulo (Umesp), pós-graduado em Educação a Distância e em Pedagogia Social pela Faculdade de Administração, Ciências, Educação e Letras (Facel) e bacharel em Teologia pela Faculdade Teológica Batista do Paraná (FTBP), com ênfase em exegese do grego e hebraico bíblico. É membro do grupo de pesquisa Oráculo, do Programa de Pós-Graduação em Ciências da Religião da Umesp – São Bernardo do Campo.

Os papéis utilizados neste livro, certificados por instituições ambientais competentes, são recicláveis, provenientes de fontes renováveis e, portanto, um meio **respon**sável e natural de informação e conhecimento.

FSC
www.fsc.org
MISTO
Papel | Apoiando o manejo florestal responsável
FSC® C103535

Impressão: Reproset